气候舒适度
和工作-家庭氛围

对健康与创新的影响研究

李贵卿◎著

西南财经大学出版社
中国·成都

图书在版编目(CIP)数据

气候舒适度和工作-家庭氛围对健康与创新的影响研究/李贵卿
著.—成都:西南财经大学出版社,2024.1
ISBN 978-7-5504-6027-0

Ⅰ.①气…　Ⅱ.①李…　Ⅲ.①企业创新—创新管理—影响因素—
研究　Ⅳ.①F273.1

中国国家版本馆 CIP 数据核字(2023)第 225125 号

气候舒适度和工作-家庭氛围对健康与创新的影响研究

QIHOU SHUSHIDU HE GONGZUO-JIATING FENWEI DUI JIANKANG YU CHUANGXIN DE YINGXIANG YANJIU

李贵卿　著

责任编辑:杨婧颖
助理编辑:陈婷婷
责任校对:雷　静
封面设计:墨创文化
责任印制:朱曼丽

出版发行	西南财经大学出版社(四川省成都市光华村街 55 号)
网　　址	http://cbs.swufe.edu.cn
电子邮件	bookcj@swufe.edu.cn
邮政编码	610074
电　　话	028-87353785
照　　排	四川胜翔数码印务设计有限公司
印　　刷	郫县犀浦印刷厂
成品尺寸	170mm×240mm
印　　张	9.25
字　　数	166 千字
版　　次	2024 年 1 月第 1 版
印　　次	2024 年 1 月第 1 次印刷
书　　号	ISBN 978-7-5504-6027-0
定　　价	58.00 元

前　言

本书分为上篇和下篇。

上篇《气候舒适度与运动休闲对知识员工职业健康与创新行为的影响研究》，得到四川省科技厅软科学项目（项目编号：18RKX0682）的资助。

知识员工经验丰富，往往是组织文化的重要传播者、是服务质量的重要支柱、是企业经营成功的关键因素，在工作岗位起着示范带头作用，又具有较强的协调能力。因此，积极发挥知识员工的作用，是组织可持续发展的重要因素。老年知识员工有些仍然在全职工作，比如高等院校、医院、科研院所的高级专家仍就职于现在的工作岗位，接受岗位聘任，完成岗位绩效职责，有些已经退休。

知识员工拥有知识资本，在组织中拥有很强的独立性和自主性；知识员工具有较强的流动能力与意愿，会由追求终身就业转向追求终身具备就业能力；知识员工的工作过程难以监控，工作成果难以直接衡量，对其价值评价体系的管理变得复杂；知识员工的能力与贡献之间存在较大差异。因此，如何有效管理知识员工变得十分困难。激励知识员工发挥创新作用，最重要的是要保证知识员工的身心健康，只有健康得到保证，他们才能发挥创新作用。因此在研究中不仅要考虑组织环境，还要考虑气候和外在生活环境的重要性。本书选取气候舒适度与运动休闲等个人–环境匹配条件和必要的社会支持，来研究其对知识员工创新行为的激励作用。

气候舒适度是指人体在无须借助任何防寒、避暑装备和设施的情况下，对气温、湿度、风速和日照等气候因子感知适宜的程度。影响气候舒适度的因素主要有气温、湿度、风速、日照、特殊天气、极端天气等。本书研究发现，气候舒适度不仅有利于提高知识员工的职业健康水平，提升他们的情绪管理能力，提高他们在工作场所的创新能力与工作绩效，还有利于改善团队决策氛围和提高决策效果，本书在此基础上也提出了基于气候舒适度因素，在工作场所积极提高员工健康水平的管理建议。

下篇《支持知识员工创新行为的工作-家庭氛围研究》得到国家自然科学基金项目（项目编号：71272206）的资助。

知识员工的创新行为是组织发展的核心源泉，也是获得个人成就感和家庭幸福感的内在动力。根据个人-环境匹配理论：只有营造双向支持的工作-家庭氛围，才有利于缓解冲突。不同知识员工对角色的社会建构和投入有差异，从而影响角色的输出结果，因此工作-家庭氛围通过传统伦理和角色投入的中介作用对员工创新行为产生影响。本书分析了支持创新行为的工作-家庭氛围的概念、维度；揭示了工作-家庭氛围、传统伦理、角色投入、创新行为等变量的逻辑关系；建立了理论模型，并通过问卷调查和案例研究的方式进行了验证和改进。

通过问卷调查和案例研究，本书得出如下具有创新意义的结论：

工作-家庭氛围对工作-家庭冲突和满意感的影响方面：工作中"牺牲家庭的氛围"和家庭中"牺牲工作的氛围"，都对工作-家庭冲突有正向影响；工作中"关注家庭的氛围"和家庭中"关注工作的氛围"，都对工作满意感和家庭满意感有正向影响；而在中国样本中，工作中"牺牲家庭的氛围"对工作满意感有正向影响。

工作-家庭氛围对创新行为的影响方面：工作增益家庭的氛围无论是对中国样本，还是对美国样本都有显著影响；家庭增益工作的氛围对中国样本有显著影响，而对美国样本并没有显著影响。

人际社会支持对创新行为与绩效的影响方面：无论是中国样本还是美国样本，家人/朋友支持对创新行为都有显著的正向影响，上司/同事支持对创新绩效也都有显著的正向影响。

本书是笔者与两个项目团队，以及基于项目培养的研究生合作的重要成果。其中，气候舒适度对职业健康和情绪管理的影响部分，由徐嘉伟和李贵卿撰写；气候舒适度与人际社会支持对创新行为和绩效的影响部分，由夏慧君和李贵卿撰写；气候舒适度与团队决策的关系部分，由许博和李贵卿撰写；工作-家庭氛围、人际社会支持、传统工作伦理等对创新行为、工作绩效、工作-家庭满意感等的影响部分，主要由李贵卿、井润田、玛格瑞特·瑞德等撰写。感谢全体团队成员的努力付出，也感谢所有参考文献的作者，是他们的研究启发了本书的研究思路，奠定了本书的研究基础，如有遗漏之处，请海涵。由于时间和笔者水平的限制，本书或有许多不足之处，请各位读者批评指正。

李贵卿

2023 年 3 月

目　录

上篇　气候舒适度与运动休闲对知识员工职业健康与创新行为的影响研究

下篇 支持知识员工创新行为的
工作-家庭氛围研究

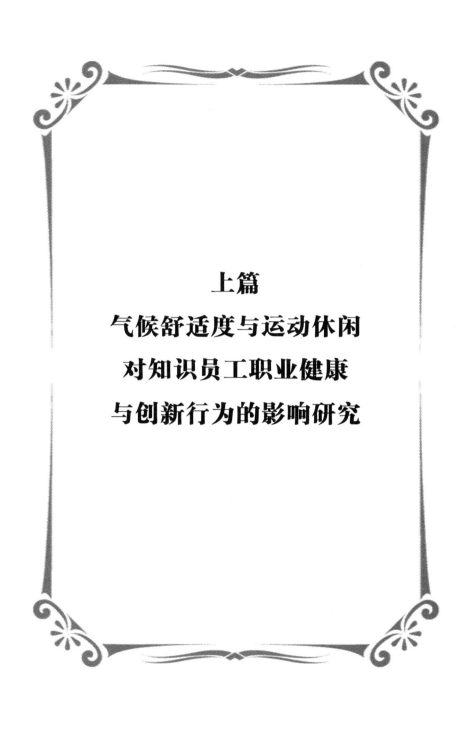

上篇

气候舒适度与运动休闲
对知识员工职业健康
与创新行为的影响研究

1 研究概述

1.1 研究背景

在未来的社会，由知识与知识员工所创造的生产力，虽然不是竞争成功的唯一要素，但却是最持久的决定因素。知识员工具备学习和创造能力，他们不仅是组织知识的最终源泉，而且能利用科学技术创新改进组织绩效。影响知识员工创新行为的因素有很多，Hadjimanolis（2000）研究发现，影响创新行为最重要的 12 个预测变量包括：所有者/管理者特征（工作经验、共通性、对风险的态度、远见、家庭的参与）、资源（技术信息、外部培训、R&D 费用支出、在先进制造技术上的投资）、组织特征以及创新能力（机械适应、设计能力），除家庭的参与会负向预测创新性外，其他 11 个变量都对创新行为产生积极的影响。本书的研究认为，影响知识员工创新行为的因素主要有：个性特征、个体的认知和技能、组织和团队特征、领导特征等。

国务院印发的《"十三五"国家老龄事业发展和养老体系建设规划》指出，要加强老年人力资源开发，将老年人才开发利用纳入各级人才队伍建设总体规划，鼓励各地制定老年人才开发利用专项规划，鼓励专业技术领域人才延长工作年限。《"十四五"国家老龄事业发展和养老服务体系规划》指出，"十四五"期间国家老龄事业的发展目标为：养老服务供给不断扩大，老年健康支撑体系更加健全，为老服务多业态创新融合发展，要素保障能力持续增强，社会环境更加适老宜居；全社会积极应对人口老龄化格局初步形成，老年人获得感、幸福感、安全感显著提升。"十四五"期间更加注重丰富老年人文体休闲生活，扩大老年文化服务供给、支持老年人参与体育健身、促进养老和旅游融合发展等。

发达国家把 45~64 岁称为初老期，65~89 岁称为老年期，90 岁及以上称为老寿期；发展中国家规定男子 55 岁、女子 45 岁为老年期；根据中国实际，规定 45~59 为初老期，60~79 岁为老年期，80 岁及以上为长寿期。截至 2020 年年底，中国 60 岁以上老年人口增加到 2.55 亿人左右，占总人口比重提升到 17.8%；全国老龄工作委员会数据显示，2015—2035 年，中国将进入急速老龄化阶段，老年人口将从 2.12 亿人增加到 4.18 亿人，占比将提升到 29%。如何积极发挥 45 岁以上知识员工的作用，对缓解中国人口抚养比不断上升的局面，有着重要的意义。老年知识员工有些仍然在全职工作，如高等院校、医院、科研院所的高级专家仍就职于现在的工作岗位，接受岗位聘任，完成岗位绩效职责，有些已经退休。

如何激励知识员工的创新行为变得非常重要。知识员工拥有知识资本，在组织中拥有很强的独立性和自主性；知识员工具有较强的流动能力与意愿，会由追求终身就业转向追求终身具备就业能力；知识员工的工作过程难以被监控，工作成果难以直接衡量，对其价值评价体系的管理变得复杂；知识员工的能力与贡献之间存在较大差异；因此，如何有效管理知识员工变得十分困难。要想激励知识员工发挥创新作用，最重要的是要保证知识员工的身心健康，只有健康得到保证，他们才能发挥创新作用。因此在研究中不仅要考虑组织环境，还要考虑气候和外在生活环境的重要性。因此，本书选取气候舒适度与运动休闲等个人-环境匹配条件和必要的社会支持，来研究其对知识员工创新行为的激励作用。

气候变化对人类的直接影响是极端高温产生的热效应，对儿童、老年人、体弱者及患有呼吸系统、心脑血管等慢性疾病的患者影响最大，极端高温容易导致人们中暑、水肿、晕厥。气候变暖对人类健康的影响，一方面会导致某些传染病的传播和复苏，即空气中的真菌孢子、花粉和大气颗粒等物质随温度和湿度的升高而浓度增加，使患有过敏性疾病（过敏性鼻炎、过敏性哮喘）和其他呼吸系统疾病的人群发病率提高；另一方面，也会使大气污染更加恶化，大气污染物引发的过敏症、心肺异常和死亡的发生率也相应增加。气候变化又以气温对人类的影响最为明显，高温会导致心脏负荷过重和肾脏机能受损，还可能导致注意力、精确性、运动协调和反应速度等机能的降低；而寒冷能够引发慢性支气管炎或流行性感冒，可以造成冻疮或冻僵等损伤，以及可能导致高血压或脑出血等发生。气候会影响人们的身体健康，从而影响人们的创新行为。

当前关于促进知识员工创新行为的研究，从组织内部的政策、领导、人际、支持等角度探讨得较多。近年来，雾霾、气候变暖等因素对人们健康的影响得到高度关注，但在促进知识员工的创新行为领域，却很少涉及气候舒适度对知识员工健康和安全的影响的研究，很少考虑气候舒适度、运动休闲等内容，然而这些内容却是最能影响知识员工健康的要素，知识员工只有保证身心健康，才能产生创新行为。因此本书将气候舒适度和运动休闲作为一个重要的影响因素，将其与工作环境中的社会支持等内容进行个人-环境匹配，以促进知识员工身心健康，提高其工作-生活质量，从而提升知识员工的创新行为。因此，本书的研究具有重要的理论价值与现实意义。

1.2　研究目的及意义

本书试图探索气候舒适度因素、运动休闲因素、社会支持因素、个人-环境匹配因素对知识员工创新行为产生的实际影响。本书将通过文献研究、焦点访谈和问卷调查等方式，实证研究气候舒适度与运动休闲等因素对创新行为和职业健康产生的直接影响，以及气候舒适度与运动休闲通过社会支持和个人-环境的匹配中介效应，对创新行为和职业健康产生的间接影响。本书具体的研究目的及意义如下：

（1）探索促进知识员工创新行为的气候舒适度因素。

影响知识员工创新行为的气候舒适度因素主要包括以下几个方面：

①气温的影响。气温对人类健康的影响最为明显：高温会导致心脏负荷过重和肾脏机能受损，还可能导致注意力、精确性、运动协调和反应速度等机能的降低；而寒冷能够引发慢性支气管炎或流行性感冒，可以造成冻疮或冻僵等损伤，以及可能导致高血压或脑出血等发生。

②湿度的影响。相对湿度通常与气温、气压共同作用于人体，影响人体的健康。在夏季三伏时节，由于高温、低压、高湿度的作用，人体汗液不易排出，出汗后也不易被蒸发掉，因而人们会感到烦躁、疲倦和食欲不振；冬季湿度太低，空气过于干燥，易引起上呼吸道黏膜感染，患上感冒。

③风的影响。风对人体产生的影响主要源于其流动速度，当风速大于0.5m/s时，就会有吹拂感，人体长期暴露在风中会有不舒适的感觉。

④日照的影响。人体长期缺乏日照，容易导致心情抑郁；人的皮肤经过日照，会产生色素沉淀和红斑，在紫外线的作用下能转变为维生素D，促进骨钙化和生长；紫外线还能促进机体的免疫反应和加强甲状腺机能；但紫外线照射过度，对人体健康有害，日照时间过长甚至会影响人的寿命。

⑤特殊天气的影响。特殊天气是指不同季节出现的灾害性天气，包括寒潮、台风、旱涝、梅雨和沙尘暴等。寒潮袭来对人体健康危害很大，大风降温天气容易引发感冒、气管炎、冠心病、肺心病、中风、哮喘、心肌梗死、心绞痛、偏头痛等，有时还会使患者的病情加重。梅雨天气持续，会使人感觉不适，产生恶劣情绪，也是妇科病、关节炎、皮肤病的易发时期。

⑥极端天气的影响。气候变化对人类的直接影响是极端高温产生的热效应，对儿童、老年人、体弱者及患有呼吸系统、心脑血管等慢性疾病的患者影响最大。极端高温容易导致人们中暑、水肿、晕厥。气候变暖对人类健康的另一个重要的影响是，会导致某些传染病的传播和复苏，给社会带来极大的恐慌。

（2）探索促进知识员工创新行为的运动休闲因素。

虽然中国的老年知识员工有很大一部分仍然在工作，但是随着老年知识员工的迅速增加，越来越多的老年人也愿意加入健康休闲的行列中去，期望借此充实自己的老年生活，提高工作-生活质量，享受愉悦的精神世界。

①休闲。休闲有三种功能性含义：其一，"休闲时间"，即人们脱离工作约束、家庭社会义务，在睡眠和其他基本需要得到满足时，个人可以自由支配的时间；其二，"休闲活动"，即人们在从事常规事务以外的时段所从事的个人偏好性活动；其三，"休闲状态"，即一种生存状态或者心态，休闲是一种心智的、精神的、灵活的活动。

总之，休闲（leisure）是指在非劳动及非工作时间从事的，能够促进身心调节与放松的，能达到生命保健、体能恢复、身心愉悦目的的业余活动。科学的休闲方式可以促进能量的储蓄和释放，能达到对智能和体能的调节，以及对生理和心理机能的锻炼，是一种心灵的体验。

②健康休闲。健康休闲是指利用闲暇时间，根据自身愿望，主动选择的有助于提升工作-生活品质、放松身心压力、提高工作效率、激发创造力、开阔视野的直接有益于自身健康的活动；通过参加有益于身体和心理健康的休闲活动，达到消除疲劳、放松心情、提升身心健康水平的目的。

③休闲动机。休闲动机是推动休闲行为发生的原动力，是在休闲需要基础上产生的，许多学者认为休闲动机包括：身体需要（锻炼、保养、治疗），冒险需要（新鲜、刺激、体验），社会需要（社交、郊游、和睦），变化需要（逃避工作、家庭、习惯），尊重需要（理想自我追求），自我实现需要（发挥自身潜力、满足运动休闲体验）等。

④休闲制约。Henderson（1991）认为，休闲制约是指任何可能抑制个体

参与休闲活动、缩短个体参与休闲时间以及妨碍个体获得休闲满足感的所有成因。Iso-Ahola 和 Mannell（1985）认为，人们感受到制约是因为他们缺乏能力或是金钱，部分人感受到制约可能与他们的社会角色与规范有关，基本制约可以分为三类：社会个人的、社会文化的和身体上的制约。Crawford 和 Godbey（1987）的研究认为，休闲制约具有层次性，包括个人内在制约（个人人格特质、心理状态以及休闲偏好等的相互影响）、人际制约（个体因没有适当或足够的休闲伙伴，而影响其休闲喜好或参与动机）、结构性制约（影响个体参与休闲的外在因素，如家庭生命周期、气候、健康、运动、经济冒险、休闲资源、设备、时间、金钱、机会、追求时髦、参与历史、了解世界）等；后来有学者认为休闲制约具有阶段性，休闲制约的层次是由最初的个人内在制约到人际制约，再到最后的结构性制约。

休闲动机和休闲制约的推拉理论：推力动机包括学习、逃避、放松、挑战、户外运动、名声、休息、社交等；拉力动机包括放松、探索、娱乐、学习、设施、预算、健康、体验等。

（3）探索促进知识员工创新行为的社会支持因素。

促进知识员工创新行为的社会支持因素，主要是人际因素：

①上司和同事的支持。在一个组织中，员工是创新行为的主体，而领导者是对创新活动进行决策和实施的个体，对员工的创新行为起到指导作用。影响创新行为的领导特征主要分为支持强度、领导风格、领导-成员关系三个方面。有多项关于领导风格的研究表明，授权型的领导对于员工的创新行为起到正向的影响，但是这种正向影响必须通过心理授权的中介作用才能实现，也就是说，对员工进行适当授权，员工会从被授权的感知中增强自主性和工作效能，进而促使其进行创新。

Glass 和 Estes（1997）研究发现，工作中上司和同事的支持与个体的沮丧负相关，同事的支持有利于提升员工在工作中的效率。Wadsworth 和 Owents（2007）研究发现，上司的支持与下属的工作-家庭重负负相关，同事的支持与个体工作-家庭促进和家庭-工作促进都正相关。

②家人和朋友的支持。Lim（1996）研究发现，来自配偶的社会支持与员工的工作不安全感负相关；Procidano 和 Heller（1983）发现，朋友的社会支持与个体的社会能力正相关，而家庭和朋友的社会支持与苦恼和心理疾病负相关。Wadwworth 和 Owents（2007）研究发现，配偶支持、朋友支持、孩子支持都与个体家庭-工作促进显著正相关，朋友支持与个体工作-家庭促进正相关。

（4）探索促进知识员工创新行为的个人-环境匹配因素。

经济合作与发展组织以人的生存、人的发展、人的幸福为目的，建立了一个客观指标体系，涉及生活质量的 15 个方面：寿命、生活健康状况、教育设施的使用、文化程度、就业机会、工作生活质量、时间利用、收入、财富、住房条件、服务设施、环境公害、社会现象、危险事故、受到威胁。运动休闲有利于提高人们的工作生活质量：

①有利于个性的充分发展。运动休闲内容丰富多彩，方式灵活多样，人们可以根据个人需求自由选择，为人格多向发展和创造潜力开辟新的途径。

②有利于身心健康。在闲暇时间进行休息和调整，可以消除疲劳，促进身体健康。

③有助于人际交往。马克思说过："一个人的发展取决于和他直接或间接进行交往的其他一切人的发展。"人们可以相互增进沟通和了解，使人与人的关系更加密切，以促进人与人之间的和谐，从而使人与社会和谐统一。

④有助于促进自由创造。人们可以在自由时间里根据个人需求和爱好广泛涉猎多方面知识，自由是创造的前提，许多灵感产生于闲暇时间，许多发明创造是在游玩中得到启迪的。

曾其令和郑小平（2011）对珠三角高校教师体育休闲运动与生活质量的关系进行了研究，证明体育休闲运动有利于缓解精神压力、增加积极情感、提高身体活力等；孙敏（2013）研究也发现，参与休闲运动有利于身体健康、愉悦心情、精力充沛、改善生活、促进人际、和谐家庭。

（5）探索气候舒适度与运动休闲对职业健康的影响。

乔治·马格纳斯（2012）研究了在人口老龄化过程中，随着年龄增长，身体疾病产生的趋势。高利平也研究了促进健康老龄化的心理因素、身体因素、社会因素。人们到了 45 岁以后，各种身体机能在下降，患慢性疾病的风险也明显增加，主要体现在以下方面：

①身体能力。虽然 45 岁以上的人们身体老化程度因人而异，但是 45 岁以后，骨质加速减少，血压会升高，患消化系统疾病概率提升，女性一般会经历更年期。60 岁以后，从走路到思考、从反应到阅读、从发言到心跳，各种机能都会下降；心脏供血减少、动脉粥样硬化、消化功能减退、肺活量减少、睡眠深度降低、反应变得迟钝。65 岁以后，部分老人会丧失部分听力、嗅觉和味觉，喜欢吃味道更重的食物来补偿味觉和嗅觉的减退；触觉也变得迟钝。因此，老年人参加身体锻炼、养成良好的饮食习惯、保持能给予情感和身体支持的人际关系网，有助于提升身体机能，生病后能较快恢复。

②认知能力。人们到了45岁后，词汇表达、语言记忆、归纳推理、空间定向四大功能达到了顶峰，数字能力、感知速度有所减退；到60岁后，感觉输入、注意力、视觉和动态记忆、辨认、比较分类等认知硬件成分退化，而阅读与写作、语言理解、受教育程度、职业技能等涵盖了个人与生活技能相关的实用认知软件成分有所提高。

③社会情绪特征。人们到了45岁后，积极正面的身份认同和代际关系密切相关，人们都希望将属于自己的精神或物质遗产传承给下一代；随着孩子们参加工作或建立小家庭，老年人会出现"空巢综合征"，此时，他们反而有更多的时间来追求职业兴趣。到了60岁后，老年人开始回顾往事、重新审视自己的人生，并融入更丰富的社区活动中，社会支持对老年人的身体和精神健康很重要，有助于减轻老年人的疾病症状，降低其对个人健康护理的需求。

（6）探索气候舒适度对情绪管理能力的影响。

情绪与人的生活息息相关，合理的情绪管理能帮助人们更好地适应客观环境、提升生活和工作满意度，甚至获得更多成就。对于情绪的研究由来已久，最早甚至可以追溯到古希腊时代。1920年，美国哥伦比亚大学的教授桑代克首先提出了社会智力（social intelligence）的概念，认为拥有高社会智力的人"具有了解及管理他人的能力，并能在人际关系上采取明智的行动"。

情绪管理的概念有着丰富内涵，情绪管理是个体对外在环境变化的感知、评价，以及由这种变化所引起的自身状态的改变。沙洛维和梅耶等认为，情绪管理隶属于加德纳的社会智力结构，是情绪智力的主要成分之一，对情绪的纯熟控制（管理）是情绪智力的集中体现。情绪管理的这几种内涵，是从不同角度对其本质的诠释，它们具有内在的联系性和互补性。

职业健康不仅是人体的生理健康，而且必须包含个人在工作中的心理状态和岗位环境都处在一个较为完满的状态。因此，职业健康至少包含三层含义：身体健康、心理健康、社会适应健康。特别指出的是，心理健康的判断必须考虑个人所处的时代、文化背景、年龄、情境等方面的因素。组织为了改善员工的职业健康，会从环境、劳动者、教育、卫生服务等方面，以多种干预行为提升劳动者的职业健康水平。职业健康促进工作通常采取健康教育和政策、法规、行政、经济等方面的工作手段，以达到组织及个人行为改变、组织环境与社会环境改变的目的。由于日益严重的工伤、职业病问题，以及企业处于国际市场竞争激烈的社会环境，一些发达国家率先建立了职业健康与安全（OHS）体系。20世纪90年代，美国、英国、日本、挪威等国家和一些组织，以指导性政策或行业、国家标准的形式发布了关于职业健康安全管理体系的许多文件，使得 OHSMS 成为从后工业化时代至今的一种重要管理方法。

（7）探索气候舒适度对知识员工创新行为与工作绩效的影响。

在企业的日常工作中，职业人群会受到很多外部环境的影响。然而，在员工和企业管理者的认知中，他们更倾向于关注企业所在的办公区域和社会关系等外部环境的影响，而不是气候因素。

在总结国内外专家学者的研究的基础上，根据本书内容，将气候舒适度定义为：员工不需要自行使用防寒、避暑设备，就可以确保其生理和感知适宜的气候条件，是从气象学的角度评价人体在不同气候条件下的舒适状态而制定的一项生物学气象指标。

国内外专家学者对气候舒适度进行了大量研究。奥利弗（Oliver，1973）研究了基于温度、风速、日照、湿度等参数的气候舒适度。王远飞等（1998）利用温湿指数对上海七八月高温期间的热环境及其对人体舒适度的影响进行了初步研究和评价，也证实了相对湿度对人体舒适度的影响较大。

目前国内对气候舒适度的研究大多采用温湿指数、风寒指数、有效温度等影响人们主观感受或生理反应的气象观测要素，即早期特吉旺（Terjung W H，1966）提出的气候舒适度的经验模型。但这些研究大多是基于个别气象站的观测，用于评价特定地点和景点的旅游气候和资源状况。

管理人员可以依据员工的气候舒适度感知评价来开展一些企业活动，但对于气候舒适度对企业管理活动影响的研究较少，因此研究企业在发展中如何利用气候舒适度对创新行为和工作绩效产生影响，以提升管理活动水平，具有重要的现实意义。

（8）探索个人-环境匹配对员工创新行为与工作绩效的影响。

勒温（Lewin）的场论（field theory）通过公式 $B=F(P*E)$ 指出，行为是个体（B）与环境（E）共同作用的结果，而非个体或环境单独决定的，这是最早提出个体行为是由个体与环境共同决定的观点。后来关于个人-环境匹配的主效应研究发现，个人-环境良好的匹配会对个体产生积极的结果，反之则会产生消极的结果。个人-环境匹配理论的发展经历了以下几个历程：

①维度论。维度论视角下的个人-环境匹配理论是指，个体和工作环境的一个或多个特征维度很好地吻合时二者之间的一致性，工作环境的特征维度主要有职业（person-vocation fit，P-V FIT）、工作（person-job fit，P-J FIT）、群体（person-group fit，P-G FIT）、组织（person-organization fit，P-O FIT）及他人（person-person fit，P-P FIT）几个方面。这些不同维度之间相互作用，相互关联。Jansen（2006）指出，以上这五种维度依据工作、职业及总体工作环

境等的不同，可形成简单封闭的完全嵌套模型及复杂开放的层次依赖模型，这些不同的研究领域构成个人-环境匹配研究的不同方面。

②内涵论。内涵论认为个人-环境匹配是在产生重要选择结果时，个人与环境变化相一致或相匹配的程度。Cable（2002）等认为个人与组织的匹配，除相似性匹配外，还有互补性匹配。互补性匹配可细分为要求-能力匹配（demands-abilities fit，D-A FIT）及需求-供给匹配（needs-supplies fit，N-S FIT），要求-能力匹配发生在个体的能力能很好地满足组织的要求时，而需要-供给匹配则发生在组织能满足个体的需要、意愿或偏好时。

③综合论。综合论视角下的个人-环境匹配模型应是维度论与内涵论相互渗透与复杂交互的结果，但更为精确与综合意义上的个人-环境匹配以及各内涵与内涵各维度之间的相互影响与交互效应还有待进一步研究。

④拓展论。跨学科研究个人-环境匹配理论，即当个人-环境匹配理论用于研究知识员工时，健康与环境更为重要，也是影响知识员工态度和行为的重要因素，这也是本书研究的重要内容。

1.3 研究方法与思路

1.3.1 研究方法

（1）文献分析法。通过查阅 CNKI 期刊网、EBSCO 学术期刊摘要、Springer、WOS 等数据库进行文献收集、阅读，对所研究变量的含义、结构维度、测量方式以及相关变量的关系等内容进行梳理和归纳，并总结现有研究的不足，以此为指导，提出本书的理论模型和研究假设。

（2）问卷调查法。根据本书的研究问题和研究假设，运用国内外成熟的相关变量量表，结合研究的实际情况，剔除不适合的条目，形成本书正式的调查问卷，再通过网络和现场进行问卷调查。

（3）实证分析法。通过问卷调查和数据收集，利用统计软件对调查获得的数据进行处理、筛选、修正，采用验证性因子分析、描述性统计分析、方差分析、相关分析、多层线性回归分析等统计学方法分析变量之间的关系，验证所提出的假设。

（4）焦点访谈法。采用小型座谈会的形式，邀请一些该领域的专家和学者进行访谈，一是深入探索知之不多的研究问题；二是通过访谈了解参与人对特定现象或问题的看法和态度，为研究内容收集资料；三是为大规模、定量调整提供补充。

1.3.2　研究思路

综上所述，目前国内学者对该领域的研究还有以下问题亟须解决：

（1）需要探索气候舒适度对于知识员工职业健康与创新行为的影响机制与中介机制。

气候舒适度对人体健康、环境的影响在很多领域都有研究，但是以管理学和行为科学对其进行测量的案例研究非常有限。知识员工在 45 岁以后，逐渐进入老龄阶段，进入职业高原平台期，外在环境如何影响知识员工的身体和心理健康受到各界关注；气候舒适度是典型的外在环境变量，其如何与个体进行匹配也值得关注；如何通过个人-环境匹配与工作-生活质量的中介作用对知识员工的职业健康与创新行为产生影响，是亟待研究的问题。

（2）需要探索运动休闲能力对于知识员工职业健康与创新行为的影响机制与中介机制。

知识员工在 45 岁以后，女性会逐渐进入更年期，男性容易陷入中年危机，个体的运动休闲能力对职业健康与创新行为的影响非常关键；运动休闲能力是典型的内在个体变量，其如何与环境进行匹配值得关注；如何通过个人-环境匹配与工作-生活质量的中介作用对知识员工的职业健康与创新行为产生影响，是亟待研究的问题。

个人-环境匹配（P-E 匹配）理论提出了一个经典的结论，如果个人与环境的变量相互匹配，将会产生积极的结果，如满意感、积极的认知；如果不匹配，将会产生消极的结果，如消极的认知、紧张和冲突感（Kulka，1979）。Edwards 和 Rothbard（2005）将个人-环境匹配理论用于解决工作和家庭中的问题、研究工作压力和家庭压力如何影响人们的幸福感，认为需求与供给可以在家庭与工作之间加以区分，有些需求和供给能相称地贯穿于工作和家庭领域，关键取决于自身的需要和供给的资源是否匹配。Kreiner（2006）和 Kreiner 等（2009）都认为员工个人的工作-家庭边界偏好和影响工作-家庭边界的环境因素是导致个人-环境边界匹配（协调）/不匹配（失调）的因素。根据该理论，我们可以拓展个人-环境匹配理论的相关研究，将运动休闲能力作为重要的个人变量，将气候舒适度作为重要的环境变量，分析它们的匹配情况，并验证这种匹配对于职业健康与创新行为等重要变量的影响，并分别验证各个单独变量对于结果的影响。

结合上述问题与理论，本书具体研究内容如下：

第一，气候舒适度对于职业健康的影响机制。

气候舒适度会直接影响人们的健康，即气温、湿度、刮风、日照、特殊天气、极端天气等都会对人们身体健康产生影响；气候变化（温度升高、空气污染、紫外线辐射、极端天气、病虫害等）导致的环境危害，同样也是职业危害，影响着知识员工的职业健康。李国栋等（2013）、田莘（2009）、盛戎蓉（2016）、史云锋（2013）、时勘等（2016）都研究了不同的气候情况对身体健康与职业健康的影响，因此本书也将采用有效的方法，研究气候舒适度对知识员工的影响。

第二，运动休闲能力对于创新行为的影响机制。

运动休闲能力直接影响着人们的身体能力、认知能力、社会情绪等。身体能力方面，心脏供血和睡眠质量会直接影响人们的健康；认知能力方面，表达、记忆、归纳、总结等都会影响人们的工作创新能力；社会情绪方面，会直接影响社会参与和积极情绪，因此运动休闲能力对于创新行为的影响有待关注。适合知识员工的运动休闲方式有很多，人们是否能开展有效的休闲活动取决于自身的休闲动机和休闲制约的相互作用，休闲动机和休闲制约的推拉关系是影响休闲运动的主要因素，也会影响知识员工的创新行为。

第三，气候舒适度与运动休闲能力的个人-环境匹配机制。

勒温的场论提出个体行为是由个体与环境共同决定的观点，个人-环境良好的匹配会对个体产生积极的结果，反之则会产生消极的结果。以往学术界研究的环境往往是人际环境、组织环境等，本书试图扩展到气候环境；个体的运动休闲能力，环境的气候舒适度，二者的匹配程度会直接影响个体的行为。

第四，个人-环境匹配对于工作-生活质量、职业健康、创新行为的影响机制。

根据个人-环境匹配的综合论，气候舒适度与运动休闲的相互匹配，有利于提高知识员工的工作-生活质量，有利于个性的充分发展，有利于身心健康，有助于改善人际交往，更有助于促进知识员工的自由创造。因此可以预见，个人-环境匹配有利于提高知识员工的工作-生活质量、职业健康水平与创新行为。

综合以上研究内容，构建本书的理论模型如图1.1所示。

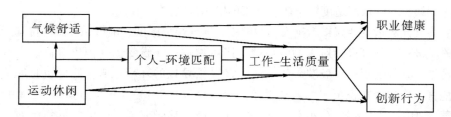

图 1.1　气候舒适度与运动休闲对知识员工职业健康与创新行为的影响模型

1.4　研究创新点

本书研究了气候舒适度对知识员工职业健康的影响因素与发生机制、运动休闲能力对知识员工创新行为的影响因素与发生机制，以及个人-环境匹配对职业健康与创新行为的影响及工作-生活质量对这种影响的中介作用。

本书拓展了个人-环境的匹配理论，将气候舒适度作为环境变量，将运动休闲能力作为个人变量，分析其匹配效果对知识员工工作-生活质量的影响；将自然科学的气候舒适度问题与社会科学的运动休闲问题结合起来，采用分类匹配的方法，来分析个人-环境的匹配，拓展了个人-环境匹配的理论与实践，有着重要的理论意义和实践价值。

本书验证了气候舒适度对休闲满意度、情绪管理能力、决策效果、创新行为和工作绩效等的影响，实证研究表明，气候舒适度对提升休闲满意度、情绪管理能力、创新行为和工作绩效都有非常积极的作用。因此在管理活动中，给员工提供舒适度高的工作环境，不仅有利于提升员工的工作绩效和创新能力，还有利于提高员工的休闲满意度和情绪管理能力，从而改善员工的职业安全状况。

本书还实证检验了人际社会支持通过个人-环境匹配作用于员工的创新行为和工作绩效方面，人际社会支持能正向影响员工的创新行为和工作绩效，同时个人-环境匹配在这种关系中起部分中介作用。因此，组织管理者应提高人际社会支持和个人-环境匹配程度，以提高员工的工作绩效，增加创新行为的发生概率，促进组织与员工的双赢发展。

2　实证研究

2.1　气候舒适度与运动休闲对职业健康的影响

亚里士多德曾提出"休闲是一切事物环绕的中心"。西方社会很早就认识到，获得更高的休闲满意度，是所有人的共同诉求。休闲满意度是指休闲活动对休闲需要的满足程度，它是休闲社会心理研究的核心概念和变量。国外学者在对休闲进行研究时普遍认为，休闲的本质是一个体验的过程，米哈里·契克森米哈赖（Mihaly Csikszentmihalyi，1990）认为，休闲能够为人们实现自我、追求高尚的精神生活、获得畅爽的心灵体验提供机会。

随着人类生活水平的不断提高，休闲已逐渐成为人们生活中不可或缺的一部分。西方学者对于休闲的研究很早就开始了，同时西方国家经过工业革命的发展，多数欧美国家的市民过上了富足的生活，因而对于心灵上的需求更加丰富，对于休闲满意度的追求也进一步提高，部分欧美发达国家已于 2015 年前后步入休闲社会，并积累了大量对于休闲生活的探索和实证研究成果。我国在休闲生活领域的研究起步较晚，但是经过改革开放 40 余年的蓬勃发展，人民生活水平得到大幅提高，人民对于美好生活的向往也得到了政府的重视。因此，国务院办公厅在 2013 年颁布实施了《国民旅游休闲纲要（2013—2020年）》，这在很大程度上肯定了国民的休闲需求，也为进一步满足人民的需求做出了规划。在这样的背景下，开展对休闲满意度的进一步研究，具有重要的时代意义和现实意义。

2.1.1　休闲满意度

2.1.1.1　休闲满意度的概念

国外关于休闲满意度的研究开始较早，蒙尼克（Monnik，1971）从家庭、工作、生活三个角度比较了男性和女性获得满意度的异同。比尔德等（Beard，1980）将休闲满意度定义为"从事休闲活动和进行休闲选择时形成或获得的一种积极的感知结果"。他们提出，休闲满意度是个体通过休闲体验，使自身休闲需要得到满足的程度。测量休闲满意度的目的是考察休闲活动对个体需要的满足程度，判断人们对参与这些活动的满意程度，从而促使他们选择更多与之前满意度水平相当的休闲活动。可以看出，国外学者对于休闲满意度的解读主要从需求出发，注重体验的过程，通过衡量休闲活动对个体需要的满足程度，预测人们接下来的行为，即对休闲活动的选择。

2.1.1.2 休闲满意度量表及其应用

Beard 等（1980）为了更好地测量和描述休闲满意度，设计出了学术界普遍认可的休闲满意度量表（LSS），该量表测量了不同的休闲活动对个体需要的满足程度。该量表包含 6 个维度，51 个题项。其中，心理维度主要考察兴趣、成就感、自信心等方面的程度；教育维度主要考察获取新知识、自我感知和向他人学习等方面的程度；社会维度主要考察对他人的感知、社会互动和增进关系等方面的程度；放松维度包含放松的效果、压力的释放、幸福感的获得；生理维度包含挑战自我、健康等；审美维度主要衡量休闲场所的状况。

2.1.2 休闲满意度的影响因素

回顾中外以往的文献，研究者普遍认为影响休闲满意度的因素主要有人口统计学特征、个体心理因素和休闲参与因素三个方面。

在人口统计学特征方面，在对休闲满意度的影响上，各国学者的研究存在分歧。年龄与休闲满意度的联系，多数研究者认为存在正向影响，但也有相反的结论，这主要取决于不同的文化氛围和当地人们的经济状况。在性别方面，有的学者认为，女性的休闲时间因为受到所扮演的家庭、社会角色的限制，一般会低于男性，从而其休闲满意度也低于男性。但是宗教信仰的存在，在一定程度上会平衡这些影响。但是也有研究认为性别对休闲满意度的影响微乎其微，因为休闲满意度还受到教育水平、婚姻状况、身心健康和孩子数量的影响。

在早期对休闲满意度的研究中，学者们认为休闲参与和休闲满意度存在双向关系。拉吉卜等（1993）的研究认为，休闲参与影响了休闲满意度，洛赛尔等（1993）的研究则发现休闲参与受到休闲满意度的影响。近期研究的热点主要是探究休闲参与对休闲满意度的影响，如沃克等（2011）研究了加拿大的中国移民在休闲参与上的选择和休闲满意程度，发现休闲参与对休闲满意度能够产生长期影响。

2.1.2.1 休闲参与

休闲参与的概念有很多，一般认为休闲参与是指个体参与某种休闲活动的频率和活动类型。林晏州（1984）认为休闲参与是一种以满足休闲者个人需求为目的所进行的活动，同时休闲者根据个人需求，会选择不同的休闲地点和时间，使自己的需求得到最大程度的满足。吴文铭（2001）认为休闲参与主要包含频率与种类这两个因素，这两个因素共同决定了休闲参与者活动涉入的程度。谭家伦（2011）认为休闲参与即个人运用可支配的自由时间，从事休闲活动的种类、时长与频次。

2.1.2.2 运动休闲

运动是进行休闲活动的一个常用方式，也是获得休闲满意度的重要途径。运动休闲是为了达到休闲的目的，以运动为手段，通过直接参与或观赏进行的一系列休闲活动。郑向敏等（2008）认为休闲属性是运动休闲的本质属性，它揭示了运动休闲是某种身体活动的休闲性运动。身体活动仅仅是运动休闲的外在表现形式，并不是其内核所在；运动本身也不是运动休闲的本质，运动休闲的本质是人们按自己的意愿，支配并利用自己的自由时间，通过身体运动这种表现形式，追求个人享受和身心全面发展的一种休闲方式。

2.1.2.3 休闲参与和休闲满意度

对于休闲参与和休闲满意度的关系，不同的学者针对不同的人群进行了分析。Chen 等（2013）探索了休闲动机和休闲参与对休闲满意度的影响，通过检验休闲动机、休闲参与和休闲满意度之间的关系，发现休闲参与会影响休闲动机，休闲动机又反过来影响休闲参与，休闲参与还会对休闲动机-休闲满意度模型产生干扰作用。Shen 和 You（2013）认为，青少年的休闲满意度受到休闲类型的影响，对于男生来说，积极休闲对休闲满意度存在正向影响；对于女生来说，积极休闲对休闲满意度存在正向影响，消极休闲和社会性休闲对休闲满意度则存在负向影响。

从以往的研究不难得出，休闲参与是影响休闲满意度的重要指标，而运动休闲是休闲参与的主要形式之一。本书将这个因素作为重点，探究其与休闲满意度的关系，并提出如下假设：

假设 2-1：运动频次对休闲满意度有正向影响；

假设 2-1a：运动频次对休闲认知有正向影响；

假设 2-1b：运动频次对休闲效果有正向影响；

假设 2-2：运动时间对休闲满意度有正向影响；

假设 2-2a：运动时间对休闲认知有正向影响；

假设 2-2b：运动时间对休闲效果有正向影响。

2.1.3 气候舒适度

2.1.3.1 气候舒适度的概念

人们对不同气候的舒适度感知不同，这是由于不同天气的温度、湿度、风速、日照等要素不尽相同。随着时代的进步和社会的发展，人们对气候舒适度的要求也有所提高，有关气候舒适度的研究也慢慢成为热点话题。

气候舒适度是指人体在不采取任何防寒、避暑措施的情况下，就能保证生理过程正常进行的气候条件。Houghton 和 Yaglou（1923）等提出了对热舒适研究具有深远影响的有效温度指数（effective temperature index，ETI），该指数以受试者对冷暖的主观感受作为评价依据。为了军事的发展，之后又提出了预计4 小时排汗率（predicted four hour sweat rate，P4SR）和著名的湿球黑球温度（wet bulb globe temperature，WBGT）指数。1959 年，美国国家气象局的 Thorn（1959）提出了不舒适指数（discomfort index，DI），后更名为温湿指数（temperature humidity index，THI），通过干球温度和湿球温度的组合来反映夏季湿热的气候环境对人体不舒适程度的影响。

2.1.3.2 气候舒适度评价研究

国外对于气候舒适度的研究经历了多个阶段，主要可以分为环境舒适度检测时代、人体感知检测时代、机理模型时代三个阶段。环境舒适度检测时代：通常用仪器直接观测的结果来评定环境的舒适度，其中有代表性的为空气温度、湿球温度、黑球温度及卡他度等。人体感知检测时代：人体感知检测是以人的主观感受或生理反应作为评价依据，基于经验或统计学方法来构建的人体舒适度模型。这些指标，有的是研究热环境得到的，有的是研究冷环境得到的，也有的可以同时解释冷热两种环境。机理模型时代：对于气候感知的人体机理研究开始较早，这一阶段可以看作以上两个阶段的结合。20 世纪中期Buettner（1938）就提出，气候舒适度的评价必须以人体热交换机制为基础，综合考虑环境因素、人体代谢、呼吸散热及服装热阻等各种因素的影响，而这种舒适度机理模型是极其复杂的。

我国的气候舒适度研究起步较晚，20 世纪 80 年代开始才有学者研究这类主题。本书主要以 CNKI 网站所载气候舒适度相关文章为研究对象，以"篇名"为检索途径，以"气候舒适度"为检索词进行检索，共搜索到 201 篇相关文献，其中最早的文献出现于 1996 年。从 1996 年开始，有关气候舒适度的研究文献逐年增加，且数量迅速上升，仅 2018 年就有 49 篇文章讨论相关主题。多年来，国内学者通过对国外先进研究成果的学习和实践，开展了一系列研究，并取得了显著的成果。王远飞等（1998）、杨成芳（2004）、王华芳（2007）和马丽君等（2007）先后采用温湿指数、风效指数、有效温度指数、衣着指数等对中国多个具有代表性的地区的气候舒适度进行了不同程度的探索研究，试图找出各地的旅游舒适期或对旅游舒适度进行区划。马丽君等（2009）针对中国东部沿海沿边城市，使用温湿指数、风寒指数和着衣指数，结合温度、湿度、风速、日照和人体代谢等要素，进行了旅游气候舒适度评价，测量出我国热点旅游城市的气候舒适度指数，分析了东部典型城市的南北差异。王汶等（2009）和查书平等（2012）运用 GIS 技术，制图研究了河南、浙江等地区的气候舒适度。范业正等（1998）将温湿指数、风效指数作为生理气候适宜性指标，结合光照和灾害天气的影响，对我国东南沿海的多个气候带上的海滨旅游城市的气候进行了测度，认为我国南方的海滨城市比北方的海滨城市有更长的旅游适宜期，其中渤海湾沿岸城市和琼南沿岸城市是度假和疗养的黄金地带，同时还列出了部分避暑和防寒的理想城市。

2.1.3.3 气候舒适度和休闲满意度

我国学者对于气候舒适度的研究至今已有近 40 年，研究的重点多是对一个地区或者部分旅游城市气候舒适度进行评价。一部分学者研究城市气候舒适度与旅游客流量的关系，另一部分学者研究气候舒适度对旅游活动的影响；而国内学者对于休闲满意度的研究现在也主要侧重于城市市民或某一特定人群，在针对城市的研究中，又主要以旅游城市的研究为主。由此可见，气候舒适度与休闲满意度是有一种内在联系的，但是这方面的直接研究却很少。本书在结合现有评价经验的基础上，选取气温、湿度、风速和光照四个指标，对人们的气候舒适度的主观感受进行调查、统计，试图探求这四个指标对休闲满意度的影响。

气候对休闲参与有一定程度的影响，而气候舒适对休闲满意度是否有直接的影响，则是本书试图探究的问题。因此提出如下假设：

假设 2-3：气温舒适度对休闲满意度有显著影响；

假设 2-3a：气温舒适度对休闲认知有显著影响；

假设 2-3b：气温舒适度对休闲效果有显著影响；

假设 2-4：湿度舒适度对休闲满意度有显著影响；

假设 2-4a：湿度舒适度对休闲认知有显著影响；

假设 2-4b：湿度舒适度对休闲效果有显著影响；

假设 2-5：风速舒适度对休闲满意度有显著影响；

假设 2-5a：风速舒适度对休闲认知有显著影响；

假设 2-5b：风速舒适度对休闲效果有显著影响；

假设 2-6：日照舒适度对休闲满意度有显著影响；

假设 2-6a：日照舒适度对休闲认知有显著影响；

假设 2-6b：日照舒适度对休闲效果有显著影响。

2.1.4　气候舒适度和休闲参与对休闲满意度的影响测量

2.1.4.1　测量工具选择

休闲满意度的测量。由 Ragheb 和 Beard（1993）设计的休闲满意度量表被国内外学者广泛接受，本书采用的量表是在 LSS 量表基础上修订的简化版。量表包括 2 个维度、13 个题项，分别是休闲认知维度和休闲效果维度，该量表采用李克特五点计分法。

休闲参与的测量。休闲参与一直都是研究者讨论的热点话题，陆海英（2012）在对长株潭城市群中产阶层参与体育休闲的研究中，着重调查了该人群参加体育休闲的动机、时间、频率和活动项目的选择以及活动过程中的消费状况。受到现有研究成果的启发，本书采用多项选择的方式，调查了人们参与休闲活动的动机类型；采用单项选择的方式调查了运动频次和运动时间，并以此对休闲参与和休闲满意度的关系进行研究。

气候舒适度的测量。孙美淑和李山（2015）在对气候舒适度的经验模型进行回顾时，列举了国内外学者使用的各类经验模型，包括早期西方学者使用的有效温度指数、湿球黑球温度指数、不舒适指数等和之后得到广泛认可的温湿指数（THI）、风效指数（WEI）、着衣指数（ICL）和风寒指数（WCI）等。为了更加直接地表述人们的主观感受，本书在此基础上简化了测量，选取气温、湿度、风速和日照四个维度进行调查。气温舒适度根据 GB/T 35562—2017《气温评价等级》进行分级；湿度舒适度按照 MSL 湿敏等级进行分级；风速舒适度根据 GB/T 28591—2012《风力等级》进行分级；日照强度的等级还没有一个准确的划分，日照舒适度按照由强到弱划分。采用李克特量表的形式将气温从"明显偏低"到"明显偏高"设置了 5 个选项，湿度从"潮湿"到"干燥"设置了 5 个选项，风速从"无风"到"疾风"设置了 5 个选项，日照从"弱"到"强"设置了 5 个选项（见表 2.1）。

表 2.1　气候舒适度的测量

气候舒适度	1	2	3	4	5
气温舒适度	明显偏低	偏低	正常	偏高	明显偏高
湿度舒适度	潮湿	较潮湿	一般	较干燥	干燥
风速舒适度	无风	轻风	和风	强风	疾风
日照舒适度	弱	较弱	一般	较强	强

2.1.4.2　调查过程与样本概况

笔者于 2019 年 3—4 月，通过线上线下两种渠道，随机挑选在职工作人员和部分研究生群体进行问卷调查，其中线上问卷 100 份，线下问卷 200 份，线下问卷主要来源于成都地区学校、政府机关和社会企业等，来源广泛并具有一定代表性。经过筛选，剔除不满足统计要求的问卷，得到有效问卷 296 份。其中：①性别：男性占 40.54%；女性占 59.46%。②学历：大学专科及以下占 20.27%；大学本科占 46.62%；硕士研究生占 29.39%；博士研究生占 3.72%。③职业：商业、企业、服务人员占 29.39%；科研、教学、技术人员占 13.85%；国家公务人员占 9.46%；自由职业者占 5.07%；文化、卫生、体育工作者占 3.04%；个体劳动者占 3.04%；其他占 2.03%；34.12%信息缺失。④职位：高层管理者占 7.09%；中层占 13.51%；基层占 15.88%；普通员工占 29.39%；其他占 34.13%。

（1）人们参与休闲的目的。

人们参与休闲的目的，既有共性特征，也有个体差异。休闲动机是推动人们休闲行为发生的原动力。人们利用闲暇时间，主动选择有助于提高工作-生活质量、放松身心、缓解压力的休闲活动，对提高工作效率、激发创造力、提升身心健康水平有积极的意义。休闲动机包括：健康需要（锻炼、保养、治疗）；社会需要（社交、郊游、和睦）；适应需要（消磨时光、放松心情）；自我实现需要（恢复体力与精力、更好地工作）；等等。本次调查显示，人们参与休闲的动机依次是放松心情（61.15%）、锻炼身体（瘦身）（55.41%）、休闲娱乐（51.69%）、健康长寿（29.73%）、社会交往（29.39%）、预防疾病（28.38%）、消磨时光（26.69%）、恢复体力与精力（24.32%）、更好地工作（17.91%）等。可见休闲得到了大多数人的认同和高度重视。

人们参与休闲活动的主要动机如图 2.1 所示。

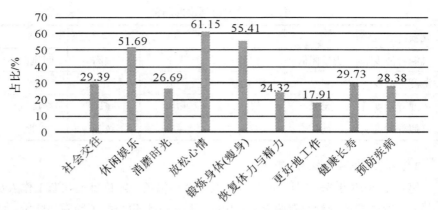

图 2.1 人们参与休闲活动的主要动机

（2）人们喜欢的休闲项目。

中国地域辽阔，休闲项目种类繁多，如摔跤、赛马、射箭、荡秋千、划龙舟、踢毽子、拔河、踩高跷、跳板、滑冰、打陀螺、放风筝、舞龙舞狮、下围棋、气功、跳绳、滚铁环、打弹珠、丢沙包、跳房子、秧歌、武术等。随着时代的变迁，不同年龄的人有着独特的休闲方式，比如中老年人喜欢散步，年轻人喜欢跑步。随着全民运动休闲的兴起，运动休闲从有氧健身操和跑步等力量型运动，转向瑜伽、舞蹈、游泳、散步、太极等更富于表达、更具有社交性的活动。根据调查，人们喜欢的休闲活动依次为：散步（62.50%），跑步（42.57%），爬山（28.02%），羽毛球（23.31%），篮球（13.85%），游泳（13.18%），瑜伽（11.82%），乒乓球（10.14%），交谊舞和韵律操等（9.46%），排球（7.43%），太极和养生等（6.08%），足球（5.41%），跆拳道（2.36%），高尔夫球（1.69%），其他（6.08%），如图 2.2 所示。

图 2.2 人们主要参与的休闲活动

2.1.4.3 探索性因子分析

本书首先使用 SPSS 软件对问卷进行因子分析检验，结果显示 KMO 值为 0.911，大于 0.7；Bartlett 球形检验证明变量不独立（$\chi^2 = 2\ 310.55$，$P<0.001$）；表明这些变量适合做因子分析。然后用主成分法提取了特征值大于 1 的两个因子，方差累计解释变异量达 61.718%。通过具有 Kaiser 标准化的正交旋转法进行正交旋转得到因子负载矩阵，去除了因子负载低于 0.5 和同时在两个题项负载大于 0.5 的题项，最终保留了 13 个条目，将所得的两个因子命名为：休闲认知和休闲效果。两个因子的 Cronbach's α 系数都超过 0.8，具有较好的内部一致性。具体结果如表 2.2 所示。

表 2.2 休闲满意度的探索性因子分析结果

题项	$N = 296$	
	休闲认知	休闲效果
1. 我对自己的休闲活动非常感兴趣	0.614	
2. 我的休闲活动带给我自信	0.736	
3. 我的休闲活动带给我成就感	0.771	
4. 在参与休闲活动时，我使用许多不同技能	0.775	
5. 我的休闲活动增加我对周围事物的认知	0.755	
6. 我的休闲活动帮助自我了解和感知	0.729	
7. 经由休闲活动，增加了我与他人的社交互动	0.500	
8. 我的休闲活动帮助我缓解压力		0.666
9. 我的休闲活动令我心情愉悦		0.707
10. 我参与的休闲活动是能增强体能的休闲活动		0.521
11. 我的休闲活动能帮助我保持健康		0.611
12. 我参与休闲活动的场所是环境清新的、干净的		0.868
13. 我参与休闲活动的场所是规划设计良好的		0.733
Bartlett 球形检验与 KMO 统计量	KMO = 0.911 χ^2检验（$\chi^2 = 2\ 310.55$, $P <0.001$）	
Cronbach's α 系数	0.881	0.876
方差解释变异量	34.413%	27.305%

2.1.4.4 描述性统计分析

通过描述性统计结果可以看出，休闲满意度中的休闲效果与风速舒适度的相关系数比较高，具有较好的内部一致性，日照舒适度次之。休闲认知与日照舒适度的相关系数比较高，具有较好的内部一致性，风速舒适度次之。运动频次与休闲认知、休闲效果的相关系数都较高，具有较好的内部一致性。运动时间也是如此。具体数据见表2.3。

表2.3 量表各维度的均值、方差和相关系数

变量	方差	均值	1	2	3	4	5	6	7	8
1. 休闲效果	0.542	3.632 2	1							
2. 休闲认知	0.466	3.893 0	0.733**	1						
3. 气温舒适度	1.333	3.111 5	−0.072	−0.074	1					
4. 湿度舒适度	1.021	2.922 3	0.035	0.008	−0.039	1				
5. 风速舒适度	1.072	3.162 2	−0.204**	−0.138*	0.387**	0.051	1			
6 日照舒适度	0.823	2.844 6	0.126*	0.017 5*	−0.275**	−0.109	−0.038	1		
7. 运动频次	1.049	2.35	0.31**	0.293**	−0.99	0.135*	−0.175**	0.033	1	
8. 运动时间	0.562	2.03	0.35**	0.254**	−0.122*	0.124*	−0.103	−0.017	0.333**	1

注：*** 表示在 0.001 水平上显著；** 表示在 0.01 水平上显著；* 表示在 0.05 水平上显著，$N = 296$。

2.1.4.5 休闲参与对休闲满意度的多层线性回归分析

本书首先将人口统计学数据作为回归方程的第一层变量，然后将休闲参与各维度的数据作为回归方程的第二层变量，并计算两层之间 R^2 和 F 检验值产生的变化。

从表2.4可以看出，运动休闲对休闲满意度有显著影响。具体如下：第一，运动频次对休闲认知有正向影响（$\beta = 0.234$，$P < 0.001$），运动频次对休闲效果有正向影响（$\beta = 0.220$，$P < 0.001$）；假设2-1得到验证；第二，运动时间对休闲认知有正向影响（$\beta = 0.196$，$P < 0.01$），运动时间对休闲效果有正向影响（$\beta = 0.292$，$P < 0.001$），假设2-2得到验证。这表明运动休闲的部分维度都对休闲满意度有显著影响，这一结果也从侧面证实了休闲参与的区分效度和预测效度。同时，也证明了休闲参与对个体的休闲满意度有着不同的影响。

表2.4　休闲参与对休闲满意度的层次回归结果

项目	休闲认知（β）		休闲效果（β）	
	第一步	第二步	第一步	第二步
1. 人口统计学特征				
性别	0.020	0.086	-0.026	-0.031
年龄	0.080	-0.042	0.056	0.038
受教育程度	0.043	0.053	0.038	0.023
婚姻状况	0.046	-0.018	0.081	0.084
职业	0.138	0.042	0.144	0.110
工龄	-0.022	0.053	-0.019	-0.017
职位	-0.117	-0.063	-0.125	-0.096
2. 休闲参与				
运动时间		0.196**		0.292***
运动频次		0.234***		0.220***
ΔF	1.002	2.989**	1.100	4.027**
ΔR^2	0.024	0.039	0.026	0.052

注：*** 表示在 0.001 水平上显著（双侧）；** 表示在 0.01 水平上显著（双侧）；* 表示在 0.05 水平上显著（双侧），$N = 296$。

2.1.4.6　气候舒适度对休闲满意度的多层线性回归分析

本书首先将人口统计学数据作为第一层变量引入回归方程，然后将气候舒适度各维度的数据作为第二层变量引入回归方程，并计算两层之间 R^2 和 F 检验值产生的变化。

从表2.5可以看出，气候舒适度的一些因素对休闲满意度有显著影响。具体如下：第一，风速舒适度对休闲认知有显著正向影响（$\beta = 0.133$，$P < 0.01$），风速舒适度对休闲效果有正向影响（$\beta = 0.212$，$P < 0.001$），因此假设2-5得到验证；第二，日照舒适度对休闲认知有负向影响（$\beta = -0.175$，$P < 0.01$），日照舒适度对休闲效果有负向影响（$\beta = -0.135$，$P < 0.05$），因此假设2-6得到验证。由此可见，气候舒适度中的风速舒适度和日照舒适度都对休闲满意度有显著影响，而气候舒适度中的气温舒适度和湿度舒适度对休闲满意度没有显著影响，假设2-3和假设2-4未能得到验证。这也证明了气候舒适度对个体的休闲满意度有着不同的影响。

表 2.5　气候舒适度对休闲满意度的层次回归结果

项目	休闲认知（β）		休闲效果（β）	
	第一步	第二步	第一步	第二步
1. 人口统计学特征				
性别	0.020	0.011	−0.026	−0.031
年龄	0.080	0.073	0.056	0.038
受教育程度	0.043	0.025	0.038	0.023
婚姻状况	0.046	0.047	0.081	0.084
职业	0.138	0.112	0.144	0.110
工龄	−0.022	−0.031	−0.019	−0.017
职位	−0.117	−0.093	−0.125	−0.096
2. 气候舒适度				
气温舒适度		0.064		0.074
湿度舒适度		0.040		0.071
风速舒适度		0.133**		0.212***
日照舒适度		−0.175**		−0.135*
ΔF	1.002	2.989**	1.100	4.027**
ΔR^2	0.024	0.039	0.026	0.052

注：*** 表示在 0.001 水平上显著（双侧）；** 表示在 0.01 水平上显著（双侧）；* 表示在 0.05 水平上显著（双侧），$N = 296$。

2.1.5　结论

2.1.5.1　休闲参与对休闲满意度的影响

休闲参与包含休闲时间和休闲频次两个维度，休闲满意度包含休闲认知和休闲效果两个维度，本书的层次回归分析结果表明：运动时间和运动频次都对休闲认知和休闲效果有显著的正向影响，假设 2-1 和假设 2-2 得到验证。这一研究结果弥补了现有研究的不足，再次证实了休闲参与对休闲满意度有着积极的影响。因此在实践中，只有不断提高休闲参与程度，才能更加有效地提高休闲满意度，从而提高人们的工作-生活质量。

2.1.5.2　气候舒适度对休闲满意度的影响

本书对气候舒适度进行了问卷调查，并将其分为气温舒适度、湿度舒适度、风速舒适度、日照舒适度四个子维度。气候舒适度各维度与休闲认知、休闲效果的层次回归结果表明：气温舒适度和湿度舒适度对休闲满意度的影响并不显著，假设 2-3 和假设 2-4 未得到验证。较为明显的风速会使人们的休闲认知和休闲效果提升，而较弱的光照强度会增加人们的休闲认知和休闲效果。这些结果使假设 2-5 和假设 2-6 得到了验证。总的来说，气候舒适度对休闲满意度有一定程度的影响，更为舒适的气候会产生更高的休闲满意度，提升了气候舒适度的社会影响理论的解释力。

以往对于休闲满意度的研究，多是把重点放在了人口特征、心理因素和休闲参与这三者对休闲满意度的影响上。本书探索了气候舒适度对休闲满意度的影响，尽管研究的过程中一些假设未能成立，但是发现了风速和日照对休闲满意度的影响。在今后的生产生活中，人们想要获得更高的休闲满意度，不仅可以从心理因素和休闲参与的角度入手，还可以将气候方面的影响列入其中，使休闲满意度的研究更加全面和真实，更有利于全面提升人们的工作-生活质量。

2.2 气候舒适度对情绪管理能力的影响

2.2.1 研究概述

2.2.1.1 情绪管理

（1）情绪管理概述。

情绪与人的生活息息相关，合理的情绪管理能帮助人们更好地适应客观环境、提升生活和工作满意度甚至获得更多成就。对于情绪的研究由来已久，最早甚至可以追溯到古希腊时代。1920 年，美国哥伦比亚大学教授桑代克首先提出了社会智力（Social Intelligence）的概念，认为拥有高社会智力的人"具有了解及管理他人的能力，并能在人际关系上采取明智的行动"。20 世纪中期，西方多位心理学家从不同角度对情绪进行了大量的探索与研究，例如伊扎德的动机-分化理论，沙赫特和辛格提出的情绪归因理论（attribution theory of emotion）以及普拉特契克建立的情绪三维模型等，这一系列的理论成果为情绪管理的研究和进一步发展奠定了坚实的理论基础。1988 年，心理学家巴昂第一次使用 EQ 这个名词，他同时编制了一份专门测验 EQ 的问卷。20 世纪 90年代，沙洛维提出"情绪智力"（情商 EQ）的概念，而随着由高曼所著的《情绪智力》成为畅销书，越来越多的人认识到情绪管理的重要性，情绪管理不仅成为学术界广泛关注的热点，也成为多数管理者积极讨论的话题。

情绪管理的概念有着丰富内涵，情绪管理是个体对外在环境变化的感知、评价以及由这种变化所引起的自身状态的感觉。情绪管理的内涵可分为三个方面：①情绪管理的环境适应性。情绪管理是个体为适应客观环境而做出的一系列反应。汤普森将情绪管理诠释为个体适应现实社会环境的一个过程，是个体有目的性的快速且高效地顺应外在情形而进行转变的过程。②情绪管理的目的性。情绪管理是个体为了达到一定效果而进行的情绪调节过程。马斯特认为，情绪管理是个体依据自身目的所进行的一种有益于其生存和发展的活动。人们在对情绪进行管理时，首先是从主观意识上感受其所处的环境及与其关联的程度，再对自身应对能力进行评估，最后确定自身情绪管理的策略。③情绪管理的主动性，即强调情绪管理是个体主动进行的行为。奇凯蒂、阿克曼和伊扎德等从情绪管理的动力特质入手，认为情绪管理是个体为了适应环境的变化，主动组织和进行的动力组织系统。沙洛维和梅耶等则认为情绪管理隶属于加德纳的社会智力结构，是情绪智力的主要成分之一，对情绪的纯熟控制（管理）是情绪智力的集中体现。情绪管理的这三种内涵，是从不同角度对其本质的诠释，它们具有内在的联系性和互补性。

（2）情绪管理的影响因素。

影响情绪管理能力的因素有很多，根据所调查的人群的不同，选择的角度也不同。唐子璐、万柳辛、庄静、李普华等（2019）在对大学生情绪管理进行研究时认为，影响大学生情绪管理的因素主要有个人因素、家庭因素、学校因素和社会因素。吕毅辉（2011）在针对高校职工的情绪管理进行研究时发现，影响高校职工情绪管理的因素主要有薪资高低、单位福利、职务升迁、办公制度、学校环境、上司评价与认同、同事管理、家庭关系和师生关系。郭丽燕（2005）在对现代企业员工的情绪管理进行研究时发现，影响员工情绪的因素包含了薪资变化、人际关系、家庭关系和办公环境等。

以往的研究中，对于影响人们情绪的关注点一直是在人与外界环境的接触上，尤其在人际关系和所从事的工作或事物上。气候的变化也发生在人们每天的生活当中，是每个人必须要面对的自然环境，但是气候舒适度对人们情绪的影响却很少被提及和关注。

2.2.1.2 气候舒适度

纵观国内外关于气候舒适度的研究，国外对于气候环境的观测和气候舒适度的人体感知机理进行了大量研究，也针对实际应用进行了大量修正，建立了多种科学的模型，解决了许多实际问题。国内对于气候舒适度的研究主要分为两类，一类是关于游客在某城市或者景区旅游期间对于气候舒适度的感知，绝大多数研究都属于这一类；另一类占少数的则是对某一地区多年气候变化的跟踪调查。在游客对气候舒适度感知的研究中，中国学者也尝试从不同的角度去寻找气候舒适度对游客生理及心理等多方面的影响。但是气候感知度不仅是在旅游中才会有的概念，而是存在于每个人每一天的生活中，对于日常生活有着重要的影响。所以本书从心理健康的角度，试图寻找气候感知与情绪管理的关系，拓宽影响情绪管理的因素，从而找到新的方法来解决人力资源管理中遇到的问题。因此提出如下假设：

假设 2-7a：人们感知气温舒适时比气温寒冷时，体现出更高的情绪管理能力；

假设 2-7b：人们感知气温舒适时比气温闷热时，体现出更高的情绪管理能力；

假设 2-8a：人们感知湿度舒适时比湿度潮湿时，体现出更高的情绪管理能力；

假设 2-8b：人们感知湿度舒适时比湿度干燥时，体现出更高的情绪管理能力；

假设 2-9a：人们感知风速舒适时比风速强烈时，体现出更高的情绪管理能力；

假设 2-9b：人们感知风速舒适时比风速微弱时，体现出更高的情绪管理能力；

假设 2-10a：人们感知日照舒适时比日照强烈时，体现出更高的情绪管理能力；

假设 2-10b：人们感知日照舒适时比日照微弱时，体现出更高的情绪管理能力。

2.2.2 调查过程与样本概况

2.2.2.1 测量工具选择

情绪管理的测量。孟佳（2012）编制的《大学生情绪管理问卷》在过去的研究中被大量使用，并得到了研究者的普遍认可，本书采用的研究工具是在此基础上，针对在职人员进行修改，适用于在职人员的情绪管理调查问卷。

气候舒适度的测量同 2.1.4.1。

2.2.2.2　样本概况

样本信息同 2.1.4.2。

2.2.3　结果分析

2.2.3.1　探索性因子分析过程

本书首先运用 SPSS 软件对情绪管理问卷进行 KMO 检验和 Bartlett 球形检验，显示 KMO 值为 0.927，大于 0.7；Bartlett 球形检验证明变量不独立（$\chi^2 =$ 3 122.878，$P < 0.001$）；表明这些变量适合做因子分析。然后用主成分法提取了特征值大于 1 的四个因子，方差累计解释变异量达 58.546%。通过方差最大旋转法进行正交旋转得到因子负载矩阵，去除了因子负载低于 0.5 的题项，最终保留了 17 个条目，并将情绪管理的四个因子命名为：自我感知、社会交往、自我调适、心理满足（见表 2.6）。四个因子的 Cronbach's α 系数都在 0.75 以上，具有较好的内部一致性。

表 2.6　情绪管理的探索性因子分析结果

题项	$N = 296$			
	自我感知	社会交往	自我调适	心理满足
1. 我能轻易地体会自己内心的快乐	0.690			
2. 我知道自己情绪变化的原因	0.785			
3. 即使心烦意乱，我也知道自己的情绪状态	0.761			
5. 我能看得出别人是否害怕了			0.686	
6. 我是个乐观的人				0.595
7. 我会去寻找一些让自己感到开心的活动				0.612
8. 我能辩证地看待问题			0.605	
9. 我善于辨别自己在工作时的情绪状态是否利于工作			0.616	
14. 对待一些事情，我会告诉自己吃亏是福				0.585
15. 遇到尴尬情境，我常会说个笑话来避免气氛冷掉			0.674	

题项	$N = 296$			
	自我感知	社会交往	自我调适	心理满足
16. 我至少有几个知心朋友		0.669		
18. 交朋友对我来说很容易		0.704		
19. 朋友们认为跟我在一起很愉快		0.646		
20. 遇到不顺心的事，我会寻找理由安慰自己，以减少内心的失望				0.678
22. 我善于向别人准确表达我的感受		0.675		
Bartlett 球形检验与 KMO 统计量	KMO = 0.927 χ^2 检验（$\chi^2 = 3\ 122.878$, $P < 0.001$）			
Cronbach's α 系数	0.828	0.769	0.778	0.832
方差解释变异量	15.703%	15.255%	14.893%	12.695%

2.2.3.2 独立样本 t 检验分析

本书运用 SPSS 软件分析气候舒适度对情绪管理各维度的影响，并进行独立样本 t 检验，首先分析气候舒适感知与气候寒冷感知对情绪管理各维度的影响，结果如表 2.7 所示。情绪管理各维度中，气候舒适感知的均值都高于气候寒冷感知的均值；自我感知、社会交往、自我调适和心理满足的 t 值都为正，其中自我感知的 t 值显著（Sig = 0.047），假设 2-7a 得到部分验证。

表 2.7　气候舒适和气候寒冷的 t 检验结果

测量变量	维度	气温舒适感知		气温寒冷感知		双尾 Sig.（方差齐）	t 统计量
		样本量	均值	样本量	均值		
情绪管理	自我感知	115	3.929	17	3.833	0.047	2.009（显著）
	社会交往	115	3.767	17	3.735	0.854	0.184
	自我调适	115	3.741	17	3.515	0.193	1.308
	心理满足	115	3.929	17	3.833	0.535	0.622

注：Sig<0.05 为差异显著。下同。

气候舒适感知与气候闷热感知对情绪管理各维度的影响结果如表 2.8 所示。情绪管理各维度中，气候舒适感知的均值在自我感知、自我调适和心理满足上高于气候闷热感知的均值，社会交往则较低；自我感知、自我调适和心理满足的 t 值都为正，社会交往是负值，其中自我调适的 t 值显著（Sig=0.046），假设 2-7b 得到部分验证。

表 2.8　气候舒适和气候闷热的 t 检验结果

测量变量	维度	气温舒适感知		气温闷热感知		双尾 Sig.（方差齐）	t 统计量
		样本量	均值	样本量	均值		
情绪管理	自我感知	115	3.997	55	3.903	0.419	0.810
	社会交往	115	3.767	55	3.773	0.962	-0.047
	自我调适	115	3.741	55	3.509	0.046	2.008（显著）
	心理满足	115	3.929	55	3.809	0.264	1.121

湿度舒适感知与湿度潮湿感知对情绪管理各维度的影响结果如表 2.9 所示。情绪管理各维度中，湿度舒适感知的均值都高于湿度潮湿感知的均值；自我感知、社会交往、自我调适和心理满足的 t 值都为正，其中自我感知的 t 值显著（Sig=0.042），假设 2-8a 得到部分验证。

表 2.9　湿度舒适和湿度潮湿的 t 检验结果

测量变量	维度	湿度舒适感知		湿度潮湿感知		双尾 Sig.（方差齐）	t 统计量
		样本量	均值	样本量	均值		
情绪管理	自我感知	92	4.068 8	16	3.666 7	0.042	2.061（显著）
	社会交往	92	3.839 7	16	3.718 8	0.539	0.617
	自我调适	92	3.771 7	16	3.562 5	0.293	1.058
	心理满足	92	3.978 3	16	3.854 2	0.511	0.660

湿度舒适感知与湿度干燥感知对情绪管理各维度的影响结果如表 2.10 所示。情绪管理各维度中，湿度舒适感知的均值都高于湿度干燥感知的均值；自我感知、社会交往、自我调适和心理满足的 t 值都为正，没有显著的项目，假设 2-8b 未能得到验证。

表 2.10　湿度舒适和湿度干燥的 t 检验结果

测量变量	维度	湿度舒适感知		湿度干燥感知		双尾 Sig.（方差齐）	t 统计量
		样本量	均值	样本量	均值		
情绪管理	自我感知	92	4.068 8	17	3.803 9	0.159	1.417
	社会交往	92	3.839 7	17	3.632 4	0.300	1.041
	自我调适	92	3.771 7	17	3.617 6	0.423	0.803
	心理满足	92	3.978 3	17	3.745 1	0.203	1.282

　　风速舒适感知与风速强烈感知对情绪管理各维度的影响结果如表 2.11 所示。情绪管理各维度中，风速舒适感知的均值在社会交往上高于风速强烈感知的均值，自我感知、自我调适和心理满足则较低；社会交往的 t 值为正，自我感知、自我调适和心理满足的 t 值都为负，没有显著的项目，假设 2-9a 未能得到验证。

表 2.11　风速舒适和风速强烈的 t 检验结果

测量变量	维度	风速舒适感知		风速强烈感知		双尾 Sig.（方差齐）	t 统计量
		样本量	均值	样本量	均值		
情绪管理	自我感知	80	3.887 5	16	3.916 7	0.846	−0.195
	社会交往	80	3.853 1	16	3.781 3	0.677	0.418
	自我调适	80	3.659 4	16	3.765 6	0.547	−0.605
	心理满足	80	3.870 8	16	3.927 1	0.703	−0.382

　　风速舒适感知与风速微弱感知对情绪管理各维度的影响结果如表 2.12 所示。情绪管理各维度中，风速舒适感知的均值都高于风速微弱感知的均值；自我感知、社会交往、自我调适和心理满足的 t 值都为正，其中心理满足的 t 值显著（Sig=0.024），假设 2-9b 得到部分验证。

表2.12 风速舒适和风速微弱的 t 检验结果

测量变量	维度	风速舒适感知		风速微弱感知		双尾 Sig.（方差齐）	t 统计量
		样本量	均值	样本量	均值		
情绪管理	自我感知	80	3.887 5	20	3.716 7	0.284	1.078
	社会交往	80	3.853 1	20	3.650 0	0.221	1.232
	自我调适	80	3.659 4	20	3.512 5	0.366	0.907
	心理满足	80	3.870 8	20	3.516 7	0.024	2.297（显著）

日照舒适感知与日照强烈感知对情绪管理各维度的影响结果如表2.13所示。情绪管理各维度中，日照舒适感知的均值在自我感知和社会交往上高于日照强烈感知的均值，自我调适和心理满足则较低；自我感知和社会交往的 t 值为正，自我调适和心理满足的 t 值为负，没有显著的项目，假设2-10a未能得到验证。

表2.13 日照舒适和日照强烈的 t 检验结果

测量变量	维度	日照舒适感知		日照强烈感知		双尾 Sig.（方差齐）	t 统计量
		样本量	均值	样本量	均值		
情绪管理	自我感知	151	3.938 2	17	3.796 3	0.408	0.830
	社会交往	151	3.783 1	17	3.777 8	0.975	0.031
	自我调适	151	3.625 8	17	3.763 9	0.421	−0.807
	心理满足	151	3.819 0	17	4.064 8	0.149	−1.449

日照舒适感知与日照微弱感知对情绪管理各维度的影响结果如表2.14所示。情绪管理各维度中，日照舒适感知的均值在社会交往上高于日照强烈感知的均值，自我感知、自我调适和心理满足则较低；社会交往的 t 值为正，自我感知、自我调适和心理满足的 t 值为负，没有显著的项目，假设2-10b未能得到验证。

表 2.14　日照舒适和日照微弱的 t 检验结果

测量变量	维度	日照舒适感知		日照微弱感知		双尾 Sig.（方差齐）	t 统计量
		样本量	均值	样本量	均值		
情绪管理	自我感知	151	3.938 2	17	3.941 2	0.986	-0.017
	社会交往	151	3.783 1	17	3.720 6	0.720	0.360
	自我调适	151	3.625 8	17	3.676 5	0.777	-0.284
	心理满足	151	3.819 0	17	3.862 7	0.799	-0.255

2.2.4　结果统计

本书通过问卷调查，将情绪管理能力分为自我感知、社会交往、自我调适和心理满足四个维度，对气候舒适度的测量主要分为气温舒适度、湿度舒适度、风速舒适度、日照舒适度四个维度。独立样本 t 检验的分析结果如表 2.15 所示。

表 2.15　研究结果统计

维度		自我感知	社会交往	自我调适	心理满足
气温舒适度	寒冷	正（显著）	正	正	正
	闷热	正	负	正（显著）	正
湿度舒适度	潮湿	正（显著）	正	正	正
	干燥	正	正	正	正
风速舒适度	强烈	负	正	负	负
	微弱	正	正	正	正（显著）
日照舒适度	强烈	正	正	负	负
	微弱	负	正	负	负

总体来说，假设 2-7a、2-7b、2-8a、2-9b 得到验证，其余假设未能得到验证。这一结果表明，舒适的气候条件在一定程度上会提升情绪管理的能力，其中气温、湿度和风速的影响比较明显。

2.2.5　结论

谈到气候，人们总是先联想到与之相关的自然现象，刮风、下雨甚至是一些具有破坏性的自然灾害。事实上，气候不仅关乎人类的生存，也影响着人们每一天的生活与工作，例如西方人在沟通时，为了打破僵局，往往先谈天气；

不同的天气会带给人不同的情绪，阳光明媚会让人充满活力，阴雨连连会让人心情低落。通过本书研究，气候对于人们的情绪管理同样具有积极重要的意义，如果了解气候的这些特征，并对人们的情绪给予有效的管理，不仅有利于提高人们的心理健康水平，更有利于提高人们的幸福感和工作绩效。因此本书提出以下具体的管理建议：首先，企业在对人力资源进行管理时，不仅要加强员工的技能培训管理、职业生涯管理等，还应当加强员工的情绪管理，提升员工的情绪智力，增强员工的自我管理能力，从而使员工获得更高的工作满意度、工作效率和工作质量。其次，企业在对员工的情绪进行管理时，不仅要考虑工作环境、薪酬分配、人际关系等常见的因素，还应该根据气候变化规律，分析员工的情绪变化规律，从而采取更加体贴关怀的管理方法，改善管理效果。

以往的研究中，对于影响人们情绪的关注点一直是在人与外界环境的接触上，尤其在人际关系和所从事的工作或事物上。本书探索了气候舒适度对情绪管理的影响，发现气温、湿度和风速对情绪管理能力有较多的正向影响，其中气温舒适较气温寒冷有更高的自我感知能力（$t = 2.009$）；气温舒适较气温闷热有更高的自我调适能力（$t = 2.008$）；湿度舒适较湿度潮湿有更高的自我感知能力（$t = 2.061$）；风速舒适较风速微弱有显著更高的心理满足能力（$t = 2.297$）。在今后的工作和生活中，为了获得更好的心境，更高的情绪管理能力，不仅可以从人际关系和所从事的工作入手，还可以将气候方面的影响列入其中，使情绪管理的研究更加全面，更有利于提高人们的心理健康水平。

2.3 气候舒适度对员工创新行为与工作绩效的影响

人本管理是以人为本的企业管理体制和方式，员工是企业最重要的资源，企业通过各种管理手段，充分挖掘员工的潜能，调动员工的积极性，营造和谐公正的文化氛围，从心理层面对员工进行激励，从而实现企业和员工共同发展的最终目标。人本管理活动是在企业的物质环境和人文环境中进行的，人们对特定工作环境的情绪演变也会构建新的行为意识，并激发相应的行为。因此，创造良好的工作环境是激发员工创新行为、提高员工工作效率的必然前提。

近年来，员工对所在企业的工作环境质量提出了越来越高的要求，气候舒适度逐渐成为员工选择企业的一个重要参考要素。职业人群由于自身的特殊性，更容易受到气候变化的影响，会产生职业病、工伤甚至造成死亡，导致工作时间减少、劳动生产率降低，从而对企业的发展产生消极影响。因此，研究气候舒适度对创新行为和工作绩效的影响，对于提高企业人性化管理水平具有重要的价值和借鉴意义。

2.3.1　研究概述

通过整理相关文献，气候舒适度对企业员工的影响主要体现在两个方面：首先，气候舒适度对员工的身心健康有显著影响。当员工陷入气候不适的感知时，他们的情绪很容易激动。因此，企业管理者应该采取适当的措施，充分发挥员工的主观能动性，帮助他们学会在感知自身正在产生负面情绪时克制自己，同时确保生病的员工在不舒服的环境中得到一定的保护。其次，湿度舒适度对员工的情绪有显著影响。研究表明，在潮湿的气候里，员工可能会患上抑郁症，阴雨的低气压氛围也会让年长的员工感到不安。

管理人员可以依据员工的气候舒适度感知评价来开展一些企业活动，而对于研究气候舒适度对企业管理活动的影响的相关研究较少，因此研究在企业发展过程中，如何利用气候舒适度对创新行为和工作绩效的影响来提升管理活动水平就具有重要的现实意义。

2.3.2　理论基础与研究假设

根据专家学者的研究，气候舒适度的参数主要有气温、湿度、风速和日照指数。严天鹤等（2018）将温湿度指数概括为描述人体对环境温湿度的综合感受的指数，又将风能指数阐述为描述个体对风、温度和光的一般感知的指数。

本书将气候舒适度感知类型分为气温舒适度、湿度舒适度、风速舒适度和日照舒适度，研究的主要目的是阐明气候舒适度与员工创新行为和工作绩效之间的关系。

2.3.2.1　气候舒适度对不同性别员工的影响

精神治疗专家指出，一个人的情绪或多或少会受到气候的影响。人们对气候变化产生的反应不同，特别是恶劣的天气，不适可能表现为疲劳、虚弱、紧张、抑郁、工作效率降低和感觉功能障碍等。

谢在永（2002）指出，在经济困难或战争期间，气候感知舒适和不舒适的表述并不常见，但在过去几十年有所增加。这一方面是由于气候不稳定，另一方面是受现代生活方式下的各种身体和精神负担、不良睡眠和饮食习惯、没有休养价值的假期、快速的工作节奏等因素影响。这些因素增加了环境压力，削减了职业人群适应自然影响的能力，也是影响职业人群气候舒适度感知的主要原因。因此提出如下假设：

假设 2-11：气候舒适度（气温、湿度、风速、日照）对不同性别员工的影响没有差异。

2.3.2.2 气候舒适度对员工创新行为的影响

创新是经济社会发展的根本动力，创新行为已经成为企业保持核心竞争力的重要手段之一。而如何更有效地促进创新行为也是许多企业想要解决的问题。

个体层面的创新，即员工的创新行为，20 世纪 90 年代以来便受到越来越多的关注。Farr（1990）等人指出，创新行为是指企业中员工个体产生新颖有益的思想、过程和解决方案并有意识地加以应用的一系列行为。这种行为使企业能够不断创新和成长，从而有助于保持企业持续的竞争力。Yuan 和 Woodman（2010）认为，员工创新是指员工在工作中有意识地发现问题，引入或提出新想法，整合资源，应用新想法，以获取新产品、新技术和新流程的行为。

本书将员工的创新行为定义为，在企业中提出有利于提升企业绩效的新理念和新方法，并通过一系列行为来实现这些新理念。创新行为不仅是制造一种新产品，还包括提出许多有利于提升企业绩效的新的工作方法、工作流程和销售方法。企业中任何部门的员工都有可能产生创新行为。

孟变丽（2010）认为，Wolfe（1994）所说的影响员工创新行为的因素主要有四个：企业创新、文化环境、企业结构和人员特征。在现有的文献中，很少有学者研究气候舒适度与员工创新行为之间的关系，因此企业管理者可以从气候舒适度的角度出发，对工作环境进行优化设计，以激励员工进行创新。企业为员工提供良好的工作环境，确保工作环境气候舒适，这有利于满足员工的心理需求，让他们在工作中保持较高的幸福感，这样员工也能保持较高的工作投入度。

不同年龄组的员工，其心理健康、工作动机、对工作环境的感知和适应能力也各不相同，这必然导致员工在创新动机和创新行为上也存在差距。因此提出如下假设：

假设 2-12：气候舒适度（气温、湿度、风速、日照）对创新行为具有显著影响，且不同年龄群体有一定的差异。

2.3.2.3 气候舒适度对员工工作绩效的影响

绩效是行为与结果的综合，强调员工个人能力、行为与结果的统一。工作绩效是对员工期望值的具体描述，是一种持续的目标导向计划，旨在激励员工提高工作质效。工作绩效的定义在不同学者的大量研究下逐渐演变，可以从研究者是将工作绩效视为结果，是行为，或者两者结合的视角来阐述。工作绩效与员工的工作质量、效率等有关，与企业目标的最终实现密切相关（Mathis，Jackson，2009），它也是衡量一个企业优劣的重要标准。

本书研究结果导向的工作绩效，倾向于将工作绩效视为结果（Tuten，2004）。工作绩效的结果观具有一定的现实意义。具体来说，它使员工明确企业的要求和期望，企业制定的明确的考核标准将提升员工的工作自主性和自我效能感，从而提高员工的工作绩效。

在绩效管理中，绩效是衡量企业工作完成情况最重要的评价指标，而员工工作绩效是衡量个人工作完成情况的指标。员工工作绩效一直是企业管理的核心问题，员工绩效不仅关系到员工自身的薪酬，而且对企业的生存和发展起着至关重要的作用。

根据维克多·H. 弗鲁姆（Victor H. Vroom）在《工作与激励》（1964）中的期望理论，在工作中，职业人群认为其感知的气候和办公环境会对他们的行为产生重大影响。在他们采取任何工作态度和行为之前，已经在当前的行为和所享受的奖励、利益之间建立了一定的关系。如果员工想要确保自身在工作环境中的舒适度，减少办公环境带来的消极情绪，如抑郁等，就需要有动力努力工作，实现预期目标以换取改变的机会。因此，当企业想要激励员工提高工作绩效时，必须首先明确员工对企业提出什么样的气候舒适感知要求。

同样，由于员工是一个生命体，不同年龄组的员工，其饮食习惯、身心健康水平、生活节奏不一，对工作环境的感知和适应能力也不同，这也会影响其工作绩效。因此，研究气候舒适度对不同年龄和性别的工作群体的影响，对于帮助企业管理者分层次、分组优化员工的工作环境具有重要的现实意义。因此提出如下假设：

假设 2-13：气候舒适度（气温、湿度、风速、日照）对工作绩效具有显著影响，且不同年龄群体有一定差异。

2.3.3　气候舒适度对创新行为与工作绩效的影响调查

本书对规模不一的各企业（国有、合资、股份、民营等）员工进行了问卷调查。2019 年 3—5 月，通过线上线下结合的方式发放了 300 份问卷，剔除信息不完整和无效调查问卷后，得到 266 份有效问卷，有效问卷回收率为 88.67%。

2.3.3.1　研究设计

本书在文献综述的基础上，优先采用已多次被国外权威期刊验证的成熟量表，并对问卷设计和数据收集过程进行控制，确保数据质量，这些量表在以往的许多研究中被证实，因此具有良好的信度和效度。在本书中，我们根据实际研究情况进行了适当的修改。

对于气候舒适度的测量，由于员工对舒适水平的心理、生理感知具有主观性，会随着服装和身体素质的变化而有所不同，所以不能单纯从一个因素进行设计分析。不同维度气候舒适度的测量如表 2.1 所示。

对于创新行为的测量，本书选用了 Scott 和 Bruce（1994）开发的量表，从个体创新的三个阶段（产生创新理念、寻求创新支持、实施创新理念）出发，提出了 6 个衡量个体创新行为的项目，这些项目主要用于员工的自我评价。采用李克特五点计分法进行测量。

对于工作绩效的测量，本书采用了（Tuten，2004）基于结果的工作绩效观，员工报告的结果与他们的工作行为直接相关，此部分是包含 6 道题的单维度量表，采用李克特五点计分法进行测量。

2.3.3.2　数据分析与实证结果

本次调查中人口统计学变量的结果描述和分析如下：

在性别方面，男性员工占 44.0%，女性员工占 56.0%；在学历方面，具有高中以下学历的员工占 12.8%，具有高中或大专学历的员工占 15.0%，具有本科学历的员工占 44.7%，具有研究生学历的员工占 11.7%，15.8%信息缺失。

（1）信度与效度的检测。

本书采用 SPSS 等软件对各量表的信度进行了分析，测量结果如表 2.16 所示。

表 2.16　信度与效度的检测

检验变量		气候舒适度	工作绩效	创新行为
Cronbach's α 系数		0.522	0.840	0.838
KMO 取样适切性量数		0.531	0.859	0.833
Bartlett 球形检验	近似卡方	362.978	589.223	589.827
	自由度	15	15	15
	显著性	0	0	0

首先，通过 KMO 取样适切性量数和 Bartlett 球形检验对结果进行因子分析，判断各量表的适宜性。表中 KMO 的值都大于 0.5，且 Bartlett 球形检验的 $P < 0.001$，说明其效度较好，各个题项均具有较好的识别力。

其次,工作绩效与创新行为的 Cronbach's α 系数均大于 0.7,量表的信度具有较高的同质性和稳定性。需要特别指出的是,本次调查的员工来自全国各地,在气候舒适度的测量中,他们对当地气候的感知受地理区域的影响较大,因此项目存在一定的偏颇,需要在未来的研究中加以完善。

(2)员工性别对气候舒适度的影响结果分析。

本书采用独立样本 t 检验,分别检验不同性别员工受气候舒适度的影响是否存在差异性。首先,不同性别员工受气候舒适度影响是否存在差异的检验结果如表 2.17 所示。

表 2.17 不同性别员工受气候舒适度影响的差异性分析 ($N = 266$)

检验变量	性别	样本数 N	均值	均值 t 检验	
				t 值	显著性（双尾）P
气温舒适度	男	117	3.085 5	-0.089	0.929
	女	149	3.094 0		
湿度舒适度	男	117	3.119 7	1.786	0.075
	女	149	2.919 5		
风速舒适度	男	117	3.324 8	-0.694	0.488
	女	149	3.416 1		
日照舒适度	男	117	3.265 0	-0.376	0.707
	女	149	3.302 0		

由表 2.17 可知,不同性别的员工在气温舒适度、湿度舒适度、风速舒适度和日照舒适度感知方面的显著性水平 P 均大于 0.05,无显著性差异,说明气候舒适度感知在两性间有较稳定的表现,证明气候舒适度(气温、湿度、风速、日照)对不同性别员工的影响没有显著差异。假设 2-11 得到了验证。

具体而言,女性员工对气温舒适度(3.094 0)、风速舒适度(3.416 1)、日照舒适度(3.302 0)的敏感度高于男性员工,而男性员工对湿度舒适度的敏感度(3.119 7)高于女性员工。

一般来说,气候舒适度对不同性别员工的影响没有显著差异,但值得注意的是,女性员工对气候舒适度感知更敏感,因此女性员工比男性员工更容易发现和表达由气候不适引起的感觉,而男性员工对气候不适的表达主要集中在工作环境湿度的问题上。

（3）气候舒适度与年龄、创新行为和工作绩效的关系。

为了检验气候舒适度感知是否存在员工年龄差异，以及是否对不同员工的创新行为和工作绩效存在显著差异影响，本书采用单因素方差检验的方法来识别气候舒适度在不同年龄组中的差异，具体结果如表 2.18 和表 2.19 所示。

表 2.18　气温舒适度、湿度舒适度与年龄、创新行为和工作绩效的数据分析

检验变量		气温舒适度				湿度舒适度		
		样本数 N	平均值	F 值	显著性 P	平均值	F 值	显著性 P
年龄	30 岁及以下	150	3.100 0	0.216	0.806	3.020 0	0.431	0.650
	31~45 岁	88	3.102 3			3.034 1		
	46 岁及以上	28	3.000 0			2.857 1		
创新行为		266	3.264 4	1.421	0.227	3.264 4	3.078	0.017
工作绩效		266	3.547 0	2.886	0.023	3.547 0	4.266	0.002

表 2.19　风速舒适度、日照舒适度与年龄、创新行为和工作绩效的数据分析

检验变量		风速舒适度				日照舒适度		
		样本数 N	平均值	F 值	显著性 P	平均值	F 值	显著性 P
年龄	30 岁及以下	150	3.373 3	2.367	0.096	3.206 7	3.503	0.032
	31~45 岁	88	3.500 0			3.465 9		
	46 岁及以上	28	3.000 0			3.142 9		
创新行为		266	3.264 4	5.979	0	3.264 4	0.819	0.514
工作绩效		266	3.547 0	4.706	0.001	3.547 0	0.734	0.569

在不同年龄组中，气温舒适度、湿度舒适度与风速舒适度的 P 值均大于 0.05，说明不同年龄组员工的这三类感知不存在显著差异。不同年龄组员工的日照舒适度感知存在显著差异（$P = 0.032$），31~45 岁人群（3.465 9）对日照舒适度的感知最强。

46 岁及以上的员工对气温（3.000 0）、湿度（2.857 1）、风速（3.000 0）及日照（3.142 9）四个舒适指标的感知最敏感。这个年龄段的员工的舒适度感知水平较低，这说明年龄较大的员工能对变动幅度不大的气候产生感知，明显升降的日照、气温、湿度等不利于年龄较大员工职业生涯的长期发展。

31~45 岁的员工对职业环境的气候舒适度感知最为稳定，在气温舒适度（3.102 3）、湿度舒适度（3.034 1）、风速舒适度（3.500 0）和日照舒适度（3.465 9）的感知水平上表现较好。

此外，在气候舒适度与创新行为的差异性影响分析中，湿度舒适度（$P = 0.017 < 0.05$）和风速舒适度（$P = 0 < 0.05$）对创新行为有显著影响，说明员工在湿度、风速明显变化的工作环境中，会受到一些直接或间接的生理、心理影响，继而影响员工的创新行为。假设2-12得到了验证。

在气候舒适度与工作绩效的差异性影响分析中，气温舒适度（$P = 0.023 < 0.05$）、湿度舒适度（$P = 0.002 < 0.05$）、风速舒适度（$P = 0.001 < 0.05$）对工作绩效有显著影响。假设2-13得到了验证。

当员工对企业内部工作环境的风速、气温和湿度有较好的感知时，员工的精神会更加愉悦，这有利于员工创新行为的产生和工作绩效的提高。相反，气候不适也会对员工创新行为和工作绩效产生负面影响。例如，湿度过高时，年老或有外伤史的员工会感到不舒服，或诱发风湿、骨痛等问题，影响他们的工作效率。

综上所述，本书对假设的检验分析结果如表2.20所示。

表 2.20　假设结果汇总（$N = 266$）

序号	假设检验分析	检验结果
假设2-11	气候舒适度对不同性别员工的影响没有差异	支持
假设2-12	对不同年龄群体创新行为的影响有显著差异的气候舒适度因子有：湿度、风速	部分支持
假设2-13	对不同年龄群体的工作绩效的影响有显著差异的气候舒适度因子有：气温、湿度、风速	部分支持

2.3.4　结论

企业和领导者面临的一个关键问题是如何有效地进行管理，提高员工的工作效率，以实现增加创新行为和提升工作绩效的目标。如何通过调节员工的气候舒适度感知来创造更适宜的工作环境，对以人为本的管理活动进行持续改进和优化是非常重要的。通过一系列的理论分析和企业调研，本书得出以下具体改进措施：

首先，企业应重视气候舒适度对员工创新与绩效提升的影响。在一般的企业中，一方面，员工必须努力通过学习使自己的思想和行为适应周围的环境，从而达到与企业环境协调一致。另一方面，员工也希望通过主观努力改造旧环境，创造适合自己工作和生活的新环境。这种内部动机促使员工愿意不断提高自己的工作绩效，并尽最大努力进行一些创新行为。由此，企业可以开展科学普及、宣传和培训活动，阐述在工作环境中的气候舒适度感知对员工健康的影响，这样员工可以知道，通过自己不断努力产生的一些创新性结果，例如对空气加湿等技术进行研究，可以改善自身的工作环境，并有利于自己的健康。

其次，企业应不断优化工作环境的设施条件。气候不适时可能产生一定的职业危害因素，为了预防和保护在职员工免受不良气候的影响和危害，在了解气温、湿度、风速和日照对员工创新和绩效的影响后，企业应优化工作环境设施，促进和保障员工们在工作中的身心健康和福利。例如，随着温度的升高，人们的身体会通过汗腺释放过多的热量，如果温度继续上升超过释放热量的速度，身体就会感觉不适，这会导致负面情绪的产生。但是，当工作环境的降温条件得到改善时，如外部条件下的风力效率提高，员工会从不舒服的状态转变为舒适的状态，同时情绪也会变得积极。因此，当员工感到体温过高时，企业的工作环境应配备相应的冷却设施。此外，合理的照明、适当的温度、设置更衣室等，都有助于提高员工对工作环境的良好印象。

最后，不同群体的舒适度感知应该区别分析并给予优化措施。研究表明，不同年龄、不同性别的员工对气候舒适度有不同的认知。根据他们的不同反应和显著程度，可以分为三类给予不同的工作环境设计和职业保护。对于在气候变化中没有明显感知的轻微波动的群体，企业可以进行持续观察，让其继续在稳定的环境中工作。对气候舒适度感知较为敏锐的群体，如部分女性和中老年人，企业应予以较好的工作环境设计与职业保护；例如当湿度过大时，患有风湿疾病的中老年员工会产生不舒适感，进而产生负面情绪，企业可将中老年员工生理节奏的相关知识与冷热应用纳入其工作环境设计。除此之外，对于因患病而对气候舒适度感知异常敏感的员工，可在其工作环境中加入能进行温水擦浴和湿热敷的特殊设计以示配套关爱。

2.4 气候舒适度对团队决策与决策效果的影响

对气候舒适度的研究已有近百年的历史，在早期阶段，人们通常使用测试器的直接测量结果作为评价依据。20 世纪 20 年代初，外国学者霍顿（1923）提出了温度和湿度两个变量，创造了一个先例。霍顿通过经验模型来评估气候舒适度对个体的影响，对气候舒适度的研究取得了巨大进展。

20 世纪 60 年代末，随着人体生物计量学的发展和计算机技术的广泛应用，基于人体热平衡的机理模型应运而生。近年来，西方舒适模型，尤其是温湿度指数、风寒指数和有效温度指数在中国得到了广泛应用。虽然不乏通用模型，但大多数模型（尤其是经验模型）都有其特殊的针对性，有的适合热环境，有的适合冷环境，其参数或评价标准需要根据不同的地区、季节和种族进行适当调整。因此，在模型的使用过程中，如果不考虑适用的条件，评价结果会有一定的偏差。此外，对人体气候舒适度的研究一直是国内外气候舒适度评价的立足点，主要关注各种环境因素（如温度、湿度、辐射等）对人体热舒适和冷舒适的影响。

然而，国内外很多学者主要研究了气候舒适度对个人和地区的影响，很少涉及对团队决策的影响研究，以及气候舒适度会对团队决策效果产生怎样的影响。因此，开展气候舒适度对团队决策和决策效果的影响研究，有利于丰富气候舒适度影响的相关研究，对提升团队决策水平也具有重要的借鉴意义。

2.4.1　研究概述

2.4.1.1　气候舒适度的基本概念

人体舒适度指数是指根据当日最高气温和 14 时相对湿度的预报值计算得出指数值，然后根据指数的大小确定舒适度。人们可以根据当天的指数预报提前预防冷热突变，加强自我护理，合理安排户外生产或活动。

人体对外部气象环境的主观感知与大气探测仪器获得的各种气象结果存在一定的差异。人体舒适度指数从气象学的角度来评价人们在不同气候条件下的舒适感知，它是一种基于人体与大气环境热交换的生物气象指标。

2.4.1.2　团队决策的基本概念及作用

团队决策是一种聚合群众智慧的决策方法，团队内部人员共同参与团队决策，对一些问题提出有现实意义的建议，在最后决策实施之前找出存在的问题，有助于提高决策的效率。

团队合作的优势在于它可以充分发挥集体智慧，聚集所有人的优势，参与分析和决策。团队决策能够凝聚群体力量，极大地避免决策失误，保证决策的科学性；还可以扩大信息的来源，利用团队内部人员的知识，提出更多可行性方案。由于团队成员来自不同的单位，从事的工作不同，熟悉的领域不同，以及掌握的知识也有所不同，他们很容易地就形成了互补，从而挖掘出更令人满意的实施方案。

2.4.2　理论基础与研究假设

2.4.2.1　团队决策

团队决策是指为了充分发挥集体智慧，由团队进行决策分析和决策实施的全过程，参与决策的人构成决策团队。其主要方法有头脑风暴法、德尔菲法等。团队决策类型可分为权威决策、投票决策、共识决策和无异议决策。影响团队决策的主要因素包括：年龄、人群规模、程序、人际关系。

年龄。根据韦伯的一项研究，年龄会影响决策，一般来说，年轻的团队更倾向于使用团队决策；随着团队成员年龄的增长，其所做决策与好决策之间的差距会越来越大。

人群规模。一些关于团队规模与决策之间关系的研究已经取得了有益的结果：5 至 11 人能够得出相对正确的结论，2 至 5 个人就能达成共识。如果质量一致性是一个指标，5 至 11 个人可能更合适。

程序。决策过程中所采用的顺序将会极大地影响决策的结果和效果。

人际关系。团队成员之间可能存在的偏见，或者相互干扰的人际因素会影响团队决策的效果。

2.4.2.2　气候舒适度与团队决策的关系

杨建锋、明晓东等研究了团队伦理决策的过程机制及影响因素的作用模式，发现团队冲突的成员多样性对团队伦理决策具有影响。任峰、张朋朋等提出了影响团队决策和团队绩效的关系路径，包括社会型异质性—团队沟通—决策质量，社会型异质性—团队协作—决策满意度，价值观类异质性—团队沟通—决策质量。周劲波基于多层次团队决策理论，发现团队中不同特征的成员对团队决策过程、决策绩效和创业绩效所起的作用不同。

陈忠卫的研究发现，高管的认知冲突有助于提高团队决策的绩效，而高管的情感冲突会对团队决策绩效产生负向的影响。古翠凤发现，领导在决策过程中所表现出的良好愿景，对提高团队成员对决策过程的满意度和对决策结果的认同度有很大帮助，从而有利于推动决策的实施和实现。良好的具有吸引力和号召力的愿景，对团队成员也有一种持续的激励作用，有利于提高团队成员的积极性，从而提升团队绩效。

综上所述，对于一个组织来说，拥有一个好的决策团队，不仅可以提高组织中个人的工作满意度，还可以提高团队的决策能力。气候舒适度也是影响团队决策的一个重要因素，因此提出如下假设：

假设 2-14：气温舒适度对团队决策有正向影响；

假设 2-15：湿度舒适度对团队决策有正向影响；

假设 2-16：风速舒适度对团队决策有正向影响；

假设 2-17：日照舒适度对团队决策有正向影响。

2.4.2.3 决策效果

决策效果是指在确定正确决策目标的前提下，在决策实施过程中所追求的决策效率。用公式表示为：决策效果＝决策目标×决策效率。决策效率则是在方向、目标已确定的前提下，解决如何执行得更好的问题。只有科学地确定决策目标、方向，并高效率地指导实施决策，决策活动才能高效能开展。衡量和评价决策效果的标准，因决策类型的不同而有所不同。

郭然（2016 年）认为决策效果的影响因素有团队结构、团队运作、决策行为、决策组织和决策流程等。其中，团队结构包括团队的组成、团队的规模和团队的稳定性，团队运作包括团队的冲突、团队的信任和团队的领导，决策行为包括交流密度、信息共享程度和权力分散程度，决策组织包括有无专家、决策顺序和决策的速度，决策流程包括决策准备阶段、方案形成阶段、方案选择阶段、反思反馈阶段和决策执行阶段。部分因素会直接对决策效果产生影响，环境越复杂决策效果越差，资源越丰富决策效果就会越理想。

一般说来，决策效果的评价标准有两类：①定性评价标准，即用定性分析的方法，以社会效果作为尺度评价决策的功能和实施的效率。它包括三组具体标准：一是近期效果和远期效果；二是直接效果和间接效果；三是经济效果和社会效果。②定量评价标准，即运用定量分析的方法，评价和度量决策的功能和工作的效益。

2.4.2.4 气候舒适度与决策效果的关系

安玉红、李媛、郭然、马婕（2017 年）等人以高管团队沟通作为中介变量，研究高管团队管理自主权对高管团队决策效果的动态影响。郭然、刘兵、李媛（2013 年）等人在理论研究的基础上，以企业高层管理人员为调查对象，研究决策行为对决策效果的影响，发现信息共享、有效沟通、联合决策和权力分散对决策效果有正面影响，且变革型团队的领导风格在信息共享、有效沟通和权力分散对决策效果的影响过程中起调节和部分中介作用。

陈刚、谢科范、郭伟（2010 年）等人通过理论分析和实证研究发现，决策行为是影响创业团队决策质量的一个重要的中间变量，完美的角色结构、完善的技能结构和合理的权力结构能够促进决策行为的合理化并改善决策质量，决策行为的科学性是提高团队决策质量的一个关键因素。郭然、李媛、梁林、刘兵（2016 年）等人对 TMT 各种来源的影响因素进行了梳理，再结合决策行为的特点，构建出 TMT 决策效果影响因素模型。

如前文所述，以往学者的主要研究都是从团队本身来分析决策效果的，如团队的决策、团队的运作方式和决策行为等。也有学者从外部环境来进行说明，如蒋丽、于广涛、李永娟（2007 年）等人从外部信息、沟通媒介等影响因素来进行分析。但很少涉及气候舒适度对团队决策效果的影响分析。因此提出如下假设：

假设 2-18：气温舒适度对决策效果有正向影响；

假设 2-19：湿度舒适度对决策效果有正向影响；

假设 2-20：风速舒适度对决策效果有正向影响；

假设 2-21：日照舒适度对决策效果有正向影响。

2.4.3　气候舒适度与团队决策和决策效果的关系测量

2.4.3.1　测量工具选择

本节选择的量表是基于郭然（2014）的《企业高层管理团队决策影响因素分析及优化研究》中对团队决策和决策效果进行测量的量表进行的修订，并采用李克特五点计分法进行测量。

气候舒适度的测量如表 2.1 所示。

2.4.3.2　样本概况

笔者于 2019 年 3 月—5 月，通过线上线下两种渠道，随机挑选在职工作人员和部分学生群体进行调查，其中线上问卷 41 份，线下问卷 200 份，线下问卷主要来源于成都地区学校、企业事业组织等，来源广泛并具有一定代表性。回收问卷后经过筛选，剔除漏选及非随机填写的问卷，得到有效问卷 241 份，有效问卷率为 100%。

在对得到的数据进行分析检验后，可以发现问卷调查对象的主要信息如下：在被调查者的性别上，男性占 44.0%，女性占 56.0%；在被调查者的学历信息上，高中以下占 1.2%，高中或中专占 1.6%，大专占 6.2%，本科占 54.3%，研究生占 36.7%。在被调查者的职位统计上，高层管理者或高层专业技术人员占 4.5%，中层管理者或中层专业技术人员占 8.7%，基层管理者或基层专业技术人员占 11.6%，普通员工占 9.3%，其他占 65.9%；在被调查者的工作单位性质上，国有或国有控股企业占 8.7%，外资或外资控股企业占 2.4%，民营或民营控股企业占 5.8%，政府部门占 1.2%，高等院校占 4.1%，科研院所占 26.9%，其他事业单位占 7.8%，其他 43.1%。

2.4.3.3　探索性因子分析

首先，通过 SPSS 等软件对团队决策题项进行 KMO 检验和 Bartlett 球形检验，显示 KMO 值为 0.958，大于 0.8；Bartlett 球形检验表明变量不独立（$\chi^2 =$ 2 141.632，$P < 0.001$）；方差解释变异量为 58.243%。Cronbach's α 系数在 0.75 以上，具有较好的内部一致性。具体分析结果如表 2.21 所示。

表 2.21　团队决策的探索性因子分析结果

题项	$N = 241$
	团队决策
1. 团队讨论问题经常提倡头脑风暴（可以碰撞出新思路的集体交流）	0.742
2. 我们会相互交流目前工作的困难并得到帮助	0.776
3. 我们之间的交流能产生高水平的创造力和创新精神	0.802
4. 我们会让彼此知道团队内部人员的行动会影响团队其他人的工作	0.792
5. 我们清楚地了解团队的共同目标和彼此的需要	0.789
6. 我们经常讨论相互的期望和要求	0.691
7. 我们能经常交流意见	0.786
8. 除开会等沟通外，我们私下也经常交流工作	0.673
9. 我们对沟通所传递的信息以及信息的有效性感到满意	0.800
10. 我们的沟通方式和沟通渠道多种多样	0.778
11. 我们会注意对公司所考虑问题的保密性，不对团队外的人员开放	0.744
12. 我们尊重彼此的感受，并表示理解	0.775
13. 我们非常注重决策时分享权利	0.803
14. 我们的团队是控制导向的管理风格和自上而下的金字塔式的结构	0.717
KMO 统计量与 Bartlett 球形检验	KMO = 0.958 χ^2 检验 （$\chi^2 = 2\ 141.632$，$P < 0.001$）
Cronbach's α 系数	0.944
方差解释变异量	58.243%

其次，对决策效果题项进行 KMO 检验和 Bartlett 球形检验，显示 KMO 值

为 0.893，大于 0.7；Bartlett 球形检验表明变量不独立（$\chi^2 = 2\,479.584$，$P < 0.001$），说明这些变量适合做因子分析。然后用主成分法抽取了特征值大于 1 的四个因子，方差累计解释变异量达 65.250%。通过方差最大旋转法进行正交旋转得到了因子负载矩阵，将在任何一个因子上负载低于 0.5 的题项予以删除，保留了 19 个条目，并将决策效果的四个因子命名为：决策准确性、决策满意性、决策一致性、决策长期性。四个因子的 Cronbach's α 系数在 0.5 以上，具有较好的内部一致性。具体分析结果如表 2.22 所示。

表 2.22　决策效果的探索性因子分析结果

题项	$N = 241$			
	决策准确性	决策满意性	决策一致性	决策长期性
1. 决策时我们会广泛地寻找解决途径	0.790			
2. 决策时我们会针对既定目标制定多种行动方案	0.786			
3. 决策时我们会从多重角度看待面临的风险和机遇	0.811			
4. 决策时我们会仔细分析各种行动方案的优缺点	0.784			
5. 决策时我们会通过多种标准筛选行动方案	0.727			
6. 决策时我们不需要花大量时间"磨合"			0.729	
7. 决策时我们对决策方案理解一致、行动统一			0.664	
8. 决策时我们会对决策方案进行充分的沟通				
9. 决策时我们对很多问题的看法不一致				0.713
10. 决策时我们对最终决定总是有意见冲突				0.654
11. 我们总是能及时做出决策		0.691		
12. 我们的决策程序是公正的		0.782		
13. 决策是在对每个方案都进行充分分析和评估的基础上做出的		0.655		

题项	N = 241			
	决策准确性	决策满意性	决策一致性	决策长期性
14. 决策最终结果能正确反映公司现状		0.569		
15. 当公司面对机会时，我们能比竞争对手行动得快		0.659		
16. 我们总是随时准备及时做出决策		0.562		
17. 进行重要决策时，我们总是花费很长时间				0.768
18. 我们能感觉开会的效率很高		0.532		
19. 我们在重大问题上比较容易统一思想，能迅速得出结论				
KMO 统计量与 Bartlett 球形检验	KMO = 0.933 （χ^2 = 2 479.584, $P < 0.001$）			
Cronbach's α 系数	0.893			
方差解释变异量	21.821%	20.264%	12.155%	11.010%
累计方差解释变异量	65.250%			

2.4.3.4 独立样本 t 检验分析

首先，在气温舒适度方面，运用 SPSS 软件对团队决策和决策效果的各维度与气温舒适度的调查结果进行独立样本 t 检验分析，结果如表 2.23 和表 2.24 所示。

表 2.23 气温舒适和气温寒冷的 t 检验结果

测量变量	维度	气温舒适感知		气温寒冷感知		双尾 Sig.（方差齐）	t 统计量
		样本量	均值	样本量	均值		
决策效果	决策准确性	138	3.680 1	1	4.714 3	0.140	−1.485
	决策一致性	138	3.981 9	1	5.000 0	0.256	−1.141
	决策满意性	138	3.544 7	1	4.500 0	0.196	−1.299
	决策长期性	138	4.016 9	1	5.000 0	0.211	−1.257
团队决策	团队决策	138	3.626 8	1	3.928 6	0.681	−0.412

表 2.24 气温舒适和气温闷热的 t 检验结果

测量变量	维度	气温舒适感知		气温闷热感知		双尾 Sig.（方差齐）	t 统计量
		样本量	均值	样本量	均值		
决策效果	决策准确性	138	3.680 1	27	3.629 6	0.798	0.258
	决策一致性	138	3.981 9	27	3.870 4	0.488	0.700
	决策满意性	138	3.544 7	27	3.777 8	0.121	−1.585
	决策长期性	138	4.016 9	27	3.629 6	0.016	2.526（显著）
团队决策	团队决策	138	3.626 8	27	3.478 8	0.418	0.819

由表 2.23 可知，在气温寒冷的情况下，决策准确性、决策一致性、决策满意性、决策长期性和团队决策的 t 值都为负，均值都是较小的；没有显著项。由表 2.24 可知，在气温闷热的情况下，决策满意性的 t 值为负，均值是较小的；决策准确性、决策一致性、决策长期性和团队决策的 t 值都为正，均值都是较大的；其中决策长期性为显著项，假设 2-18 得到部分验证。

其次，对团队决策和决策效果的各维度与湿度舒适度的调查结果进行独立样本 t 检验分析，结果如表 2.25 和表 2.26 所示。

表 2.25 湿度舒适和湿度潮湿的 t 检验结果

测量变量	维度	湿度舒适感知		湿度潮湿感知		双尾 Sig.（方差齐）	t 统计量
		样本量	均值	样本量	均值		
决策效果	决策准确性	115	3.695 7	3	4.190 5	0.035	−3.453（显著）
	决策一致性	115	4.060 9	3	4.166 7	0.784	−0.309
	决策满意性	115	3.615 9	3	3.833 3	0.486	−0.830
	决策长期性	115	3.939 1	3	4.777 8	0.003	−6.308（显著）
团队决策	团队决策	115	3.654 7	3	3.809 5	0.640	−0.536

表 2.26 湿度舒适和湿度干燥的 t 检验结果

测量变量	维度	湿度舒适感知		湿度干燥感知		双尾 Sig.（方差齐）	t 统计量
		样本量	均值	样本量	均值		
决策效果	决策准确性	115	3.695 7	3	4.523 8	0.008	−5.779（显著）
	决策一致性	115	4.060 9	3	3.666 7	0.615	0.587
	决策满意性	115	3.615 9	3	4.555 6	0.012	−5.893（显著）
	决策长期性	115	3.939 1	3	4.111 1	0.758	−0.351
团队决策	团队决策	115	3.654 7	3	3.857 1	0.475	−0.845

据表 2.25 可知，在湿度潮湿的情况下，决策满意性、决策准确性、决策一致性、决策长期性和团队决策的 t 值都为负，均值都是较小的；其中决策准确性和决策长期性为显著项。据表 2.26 可知，在湿度干燥的情况下，决策满意性、决策准确性、决策长期性和决策行为的 t 值为负，均值都是较小的，决策一致性的 t 值为正，均值是较大的；其中决策准确性和决策满意性为显著项，假设 2−19 得到部分验证。

再次，对团队决策和决策效果的各维度与风速舒适的调查结果进行独立样本 t 检验分析，结果如表 2.27 和表 2.28 所示。

表 2.27 风速舒适和风速强烈的 t 检验结果

测量变量	维度	风速舒适感知		风速强烈感知		双尾 Sig.（方差齐）	t 统计量
		样本量	均值	样本量	均值		
决策效果	决策准确性	116	3.706 9	5	3.714 3	0.980	−0.027
	决策一致性	116	4.021 6	5	4.300 0	0.345	−1.047
	决策满意性	116	3.510 1	5	3.700 0	0.506	−0.722
	决策长期性	116	4.031 6	5	4.266 7	0.491	−0.749
团队决策	团队决策	116	3.681 0	5	3.742 9	0.839	−0.215

表 2.28 风速舒适和风速微弱的 t 检验结果

测量变量	维度	风速舒适感知		风速微弱感知		双尾 Sig.（方差齐）	t 统计量
		样本量	均值	样本量	均值		
决策效果	决策准确性	116	3.706 9	12	4.071 4	0.161	−1.488
	决策一致性	116	4.021 6	12	3.666 7	0.144	1.550
	决策满意性	116	3.510 1	12	4.152 8	0.903	−3.052（显著）
	决策长期性	116	4.031 6	12	4.000 0	0.003	−0.125
团队决策	团队决策	116	3.681 0	12	3.964 3	0.115	−1.672

据表 2.27 可知，在风速强烈的情况下，决策满意性、决策准确性、决策一致性、决策长期性和团队决策的 t 值都为负，均值都是较小的；没有显著项。据表 2.28 可知，在风速微弱的情况下，决策满意性、决策准确性、决策长期性和团队决策的 t 值为负，均值都是较小的，决策一致性的 t 值为正，均值是较大的；其中决策满意性为显著项，假设 2-20 得到部分验证。

最后，对团队决策和决策效果的各维度与日照舒适的调查结果进行独立样本 t 检验分析，结果如表 2.29 和表 2.30 所示。

表 2.29 日照舒适和日照强烈的 t 检验结果

测量变量	维度	日照舒适感知		日照强烈感知		双尾 Sig.（方差齐）	t 统计量
		样本量	均值	样本量	均值		
决策效果	决策准确性	120	3.676 2	6	3.952 4	0.392	−0.928
	决策一致性	120	3.966 7	6	4.333 3	0.208	−1.407
	决策满意性	120	3.547 2	6	3.566 7	0.962	−0.050
	决策长期性	120	3.994 4	6	4.777 8	0.178	−1.511
团队决策	团队决策	120	3.635 1	6	4.333 3	0.609	−0.540

表 2.30 日照舒适和日照微弱的 t 检验结果

测量变量	维度	日照舒适感知		日照微弱感知		双尾 Sig.（方差齐）	t 统计量
		样本量	均值	样本量	均值		
决策效果	决策准确性	120	3.676 2	7	4.265 3	0.036	−3.453（显著）
	决策一致性	120	3.966 7	7	3.714 3	0.304	−0.309
	决策满意性	120	3.547 2	7	4.238 1	0.044	−0.830
	决策长期性	120	3.994 4	7	4.190 5	0.298	−6.308（显著）
团队决策	团队决策	120	3.681 0	7	3.742 9	0.839	−0.215

据表 2.29 可知，在日照强烈的情况下，决策满意性、决策准确性、决策一致性、决策长期性和团队决策的 t 值都为负，均值都是较小的；没有显著项。据表 2.30 可知，在日照微弱的情况下，决策满意性、决策准确性、决策一致性、决策长期性和团队决策的 t 值都为负，均值都是较小的；其中，决策准确性和决策长期性为显著项，假设 2-21 得到部分验证。

综上所述，对假设的检验结果汇总如表 2.31 所示：

表 2.31 假设检验总录

序号	假设内容	分析结果
1	气温舒适度对团队决策有正向影响	未得验证
2	湿度舒适度对团队决策有正向影响	未得验证
3	风速舒适度对团队决策有正向影响	未得验证
4	日照舒适度对团队决策有正向影响	未得验证
5	气温舒适度对决策效果有正向影响	部分验证
6	湿度舒适度对决策效果有正向影响	部分验证
7	风速舒适度对决策效果有正向影响	部分验证
8	日照舒适度对决策效果有正向影响	部分验证

2.4.4 结论

本书通过问卷调查，将气候舒适度对团队决策与决策效果的影响分为决策满意性、决策准确性、决策一致性、决策长期性和团队决策五个维度，对气候舒适度的测量主要分为气温舒适度、湿度舒适度、风速舒适度、日照舒适度四个子维度。

在使用 SPSS 等软件对数据进行处理与分析之后，可以得出，气温、湿度、风速、日照正向影响团队决策效果。这一结果表明，气候条件的舒适与否，在一定程度上会影响团队决策行为与决策效果。综上，团队组织者应该从如何调节气候舒适度的路径着手，通过调节团队成员对所在环境的气温、湿度以及风速的感知适宜度，来提升整个团队的决策效果。

2.5 人际社会支持对员工创新行为与工作绩效的影响：个人-环境匹配的中介效应

2.5.1 研究概述

在现代社会的企业发展与行业竞争中，员工的重要性日益增长。员工作为组织的一大重要管理要素的同时，也担当了企业的创新主体和工作绩效的拉动者角色。

在以往的研究成果中，企业中员工工作积极性与其工作环境密切相关。当员工处于自我感觉闲适的环境时，其更能专注于工作，工作积极性会有一定程度的提升。相反，倘若员工长期处于企业提供的狭小、令人不快的办公环境中，其对工作会产生一定的消极感，不利于员工工作积极性的发挥。

与此同时，由于员工的性别、年龄、受教育程度、工龄等存在个体差异，其与生活人际关系、工作人际关系的相处模式和事件应对态度会有不同，这种情况在一定程度上会致使员工的上司、同事、家人和朋友对其工作绩效和创新行为的影响效果存在差异。

基于上述已有研究，在个体存在差异的前提下，如何提升员工与其工作环境的匹配度到一个合理的水平，是提升员工工作绩效，培养与增强员工创新能力，促进组织和谐稳定并持续发展的关键。这也是本书研究的主要内容。

2.5.2 理论基础与研究假设

2.5.2.1 人际社会支持与创新行为和工作绩效

人际社会支持作为影响员工个体发展的重要因素之一，一直受到学术界的重视，已被应用于多种学科，如心理学、社会学和精神病学。

国外学者卡塞尔和科布（Cassel，Cobb）在 20 世纪 70 年代首次提出了社会支持这一概念。萨拉萨（Sarason，1983）指出，社会支持本质上是一种社会互动，是一种可以被人们认知和感知的客观存在，其功能是使个体得到关爱和帮助。国内学者施建锋等（2003）认为，社会支持是指当一个人有需求时，他人的同情和资源帮助能满足个人需求，从而缓解因个体自身不满而造成的紧张。

通过对相关文献进行归纳，本书将人际社会支持概括为，是一种员工为满足个人需求，通过亲友、上司和同事等社会支持网络获取外部资源，以缓解压力，提高心理承受能力，从而促进其身心健康发展的弹性资源。它包括为员工提供认知支持，如知识和信息；为员工提供情感支持，如倾听、理解和沟通；为员工提供行为支持，如实际帮助。人际社会支持还受员工数量、社交网络规模、与他人互动的频率、社交圈的大小和亲密程度等因素的影响。

人际社会支持对员工创新行为与工作绩效具有预测作用，许多实证研究结果支持了这一观点。一方面，根据互惠原则（Zhang L et al.，2016），当员工感受到来自组织及亲朋在工作过程中所给予的各项支持，例如对员工的关心、帮助和沟通时，员工将更愿意进行创新活动并花费时间研究如何提升工作绩效。另一方面，进行创新活动和提升工作绩效，需要一定的资源才能够得以实现（Smale T，2016），只有提供给员工相应的资源和条件，才能够促使员工产生更多的创新行为，产生良好的工作绩效。刘云和石金涛（2010）认为，组织创新氛围对员工创新行为具有显著的正向影响，这种氛围也包括来自上司、同事的支持。因此提出如下假设：

假设2-22：人际社会支持对员工创新行为有正向影响；

假设2-23：人际社会支持对员工工作绩效有正向影响。

2.5.2.2 人际社会支持与个人-环境匹配

在一个组织中，工作环境不仅受到自然环境和物理环境的影响，还受到员工在工作过程中形成的人际关系和人际社会支持的影响。与家人、朋友以及上级、同事和睦相处，能有效提高员工的工作质量和工作积极性。

个人-环境匹配是指个体与其所处环境之间能做到两相符合（Kristof-Brown et al.，2011）。Lewin（1951）指出，在一个特定的时间和空间，个人的身体和精神状态会同外部环境产生化学反应，个人意识和行为的变化需要用个人与其所处环境之间的互动来解释，而非单看一边。当个体特征与环境特征相适应时，就会产生积极的影响。

本书将个人-环境匹配分为三个维度：组织需求与供给匹配、组织环境条件与资源匹配、员工工作能力与需求匹配。当工作满足员工的期望和工作需求时，就是组织需求－供给匹配（Cable and De Rue，2002）。当一个组织的环境条件满足员工的需求时，就称为组织环境条件－资源匹配，它表现为个人与环境之间相互提供他们所需要的东西；它不仅关注群体环境对个体的影响，而且强调在这样的环境中个体与群体之间的互动。当员工的个人特征与工作特征高度一致，并且符合工作要求时，这就是员工工作能力－需求匹配。

员工在工作中，需要获得一些人际社会支持以满足他们自己的工作要求，这也要求员工实现一定程度的个人－环境匹配。例如，与同事之间的相互依赖程度以及工作中的社会互动程度（Glew，2012）。以往研究结果表明，工作绩效、工作满意度、个人工作态度和组织认同与个人－环境匹配显著正相关（Kristof-Brown et al.，2005；Saks，Ashforth，1997）。

杜旌和王丹妮（2009）以305名大学生为研究对象，研究价值观在供给－期望匹配、需求－能力匹配与个体创造力之间的关系，结果表明，两种匹配对个人创造力都有显著的影响。

综上所述，本书认为人际社会支持与个人－环境匹配之间存在正向关系。因此提出如下假设：

假设2-24：人际社会支持对个人－环境匹配有正向影响。

2.5.2.3　个人环境匹配与创新行为和工作绩效

员工创新行为是指员工就如何提高组织的整体绩效和寻找目标的实现途径提出的新想法。Scott和Bruce（1994）认为，创新行为不仅包括新产品的生产，还包括有利于组织发展的新工作流程、工作方法和销售方法，创新活动存在于组织的任何部门。

本书研究基于结果观，结果导向的工作绩效倾向于将工作绩效视为结果，认为绩效实际上与工作行为结果的价值直接相关（Tuten，2004），它是员工在工作效率、工作质量和服务质量方面的表现和成就。

组织是一个复杂的社会系统，员工的个体创新行为与工作绩效并不是独立存在的。它们不仅受组织文化、结构、氛围等工作环境特征的影响，还受领导－成员关系、同事－成员关系、团队合作等人际社会支持和组织环境条件与资源匹配等因素的影响。因此提出如下假设：

假设2-25：个人－环境匹配对员工创新行为有正向影响。

假设2-26：个人－环境匹配对员工工作绩效有正向影响。

2.5.2.4　个人－环境匹配的中介作用

综合以上假设，本书认为人际社会支持有助于促进员工的创新行为和提升工作绩效，且通过个人－环境匹配的中介作用得以实现。

首先，人际社会支持使员工感受到来自亲友、上级和同事的物质或精神资源支持，从而激发他们对组织和工作内容等各方面的认同感，提升其个人-环境匹配度；其次，个人-环境匹配的契合程度使员工愿意通过自身的努力不断提升其工作绩效或得到认可，也愿意将不同的知识、信息和思考转化为创新的成果。基于此，提出如下假设：

假设 2-27：个人-环境匹配在人际社会支持与员工创新行为的关系间起中介作用。

假设 2-28：个人-环境匹配在人际社会支持与员工工作绩效的关系间起中介作用。

基于以上假设，本书以人际社会支持为自变量，以个人-环境匹配为中介变量，以员工创新行为和工作绩效为因变量，构建了研究模型，如图 2.3 所示。

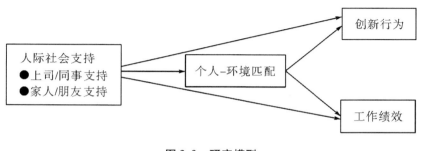

图 2.3　研究模型

2.5.3　研究设计

2.5.3.1　研究样本与取样过程

由于个人能力、时间和成本的限制，本书采用方便抽样和筛选抽样的方法，对不同规模的企业（国有、合资、股份、民营等）员工进行了问卷调查。利用个人社交网络，通过单位寻访、电子邮件等线上线下结合的方式，于2019年3—5月共发放问卷300份，使用匿名形式填答，剔除信息填写不完整和无效问卷后，最终回收有效问卷266份，有效问卷回收率为88.67%。

2.5.3.2　测量工具

为贴合研究对象的现实意义并结合量表的信效度要求，本书优先采用已在国外权威期刊上经多次验证、信效度较高且较新的成熟量表，控制问卷设计和数据收集过程，保证数据质量。这些量表在以往的许多研究中被证实具有良好的信度和效度。在本书中，我们根据实际研究情况进行了适当的修改。

对人际社会支持的测量源自 Zimet 和 Farley（1988）的领悟社会支持量表，对原有量表中的其他支持进行了修改（将"老师朋友"改为"上司同事"）。量表分为两个分量表，包括来自家人朋友、上司同事的支持，共 12 个题项。每个分量表由 6 个题项组成，采用李克特五点计分法进行测量。

对个人-环境匹配的测量，来自 Greguras 和 Diefendorff（2009）的三维度量表，包括组织需求-供给匹配、工作要求-能力匹配和环境资源-条件匹配。每个维度有 4 个项目，使用李克特五点计分法进行测量。

对员工创新行为的测量，本书采用了 Scott 和 Bruce（1994）编制的量表，从个体创新的三个阶段（产生创新思想、寻求创新支持、实施创新思想）出发，提出了 6 个衡量个人创新行为的题项。这些项目大多用于员工的自我评价，采用李克特五点计分法进行测量。

对员工工作绩效的测量，本书采用了基于结果的工作绩效观（Tuten，2004），考察员工自我报告与工作行为直接相关的绩效。本部分包括 6 项单维量表，采用李克特五点计分法进行测量。

2.5.4 实证结果及分析

2.5.4.1 信度与效度的检测

本书借助 SPSS 等软件对各量表的信度进行分析，测量结果如表 2.32 所示。

表 2.32 信度与效度的检测

检验变量		人际社会支持	个人-环境匹配	工作绩效	创新行为
Cronbach's α 系数		0.726	0.814	0.840	0.838
KMO 取样适切性量数		0.844	0.860	0.859	0.833
Bartlett 球形检验	近似卡方	1 271.091	1 891.560	589.223	589.827
	自由度	66	91	15	15
	显著性	0	0	0	0

首先，对 KMO 取样适切性量数和 Bartlett 球形检验结果进行因子分析，判断各量表的适宜性。表中所有 KMO 的值都大于 0.7，$P < 0.001$，说明每个量表的各个题项都有较好的区分度。其次，各个量表的 Cronbach's α 系数均超过了 0.7，结果表明量表的信度具有较高的同质性和稳定性，可靠性较强。

2.5.4.2 描述性统计分析

本次调查在各类企业中共向员工发放问卷 300 份，有效问卷 266 份，有效问卷回收率为 88.67%。人口统计学变量的结果描述和分析如下：

在性别方面，男性员工占 44.0%，女性员工占 56.0%；在员工学历方面，具有高中以下学历的员工占 12.8%，具有高中或大专学历的员工占 15.0%，具有本科学历的员工占 44.7%，具有研究生学历的员工占 11.7%，15.8%信息缺失。

2.5.4.3 变量间的相关分析

为了使研究更加可靠严谨，本书利用软件对研究的各类变量进行了变量间的相关分析，各变量的均值、标准差和相关系数如表 2.33 所示。

根据相关性分析可知，人际社会支持、个人-环境匹配、员工创新行为、员工工作绩效之间均存在显著的正相关关系（$P<0.05$），相关性较为显著，这也进一步证实了本书的严谨性。

表 2.33 **各变量的均值、标准差及相关系数**（$N=266$）

变量	均值	标准差	1	2	3	4	5	6	7
1. 上司同事支持	3.258	0.665 7	1						
2. 家人朋友支持	3.300	0.832 7	0.585**	1					
3. 组织需求-供给匹配	3.391	0.790 0	0.497**	0.202**	1				
4 环境资源-条件匹配	3.550	0.769 8	0.449*	0.293**	0.599**	1			
5 工作要求-能力匹配	3.563	0.854 6	0.542**	0.334**	0.624**	0.564**	1		
6 工作绩效	3.547	0.697 6	0.485**	0.319**	0.364**	0.268**	0.531**	1	
7 创新行为	3.264	0.830 2	0.479**	0.284**	0.216**	0.170*	0.298**	0.515**	1

注：** 表示在 0.01 水平上显著（双侧）；* 表示在 0.05 水平上显著（双侧），$N=266$。

2.5.4.4 假设检验

在做完了信度与效度的检测、描述性统计分析与变量间的相关分析后，本书按照程序开始了对之前假设的可行性检验。

首先，通过对性别、年龄、受教育程度、工龄等人口统计学变量及相关变量进行回归分析，发现年龄、受教育程度及工龄等均满足显著性要求，因此本书将其作为控制变量。

其次，为了揭示人际社会支持、创新行为、工作绩效和个人-环境匹配这四个复杂变量之间的间接关系，并探索其中可能存在的因果关系，本书对个人-

环境匹配在人际社会支持、创新行为和工作绩效之间的中介效应进行分析。对中介效应的分析主要分为两个部分：第一步，以人际社会支持为自变量，以创新行为和工作绩效为因变量进行回归分析；第二步，以人际社会支持为自变量，以个人-环境匹配为因变量进行回归分析。

在具体步骤上，先将人口统计学变量代入第一步进行回归，再代入以人际社会支持为自变量的回归方程的第二步。将创新行为、工作绩效和个人-环境匹配作为因变量，进行层次回归分析。层次回归分析后得到的数据冗杂，本书将第一步和第二步的数据进行处理后，结果如表 2.34 所示。

表 2.34　人际社会支持对个人-环境匹配、创新行为和工作绩效的回归分析结果

	个人-环境匹配				创新行为				工作绩效			
	第一步		第二步		第一步		第二步		第一步		第二步	
	β	Sig	β	Sig	β	Sig	β	Sig	β	Sig	β	Sig
人口统计学变量												
性别	−0.033	0.707	0.013	0.861	−0.004	0.969	0.046	0.626	−0.015	0.863	0.027	0.733
年龄	−0.061	0.551	−0.158	0.084	0.199	0.106	0.095	0.397	0.033	0.753	−0.056	0.555
受教育程度	0.007	0.846	0.002	0.943	0.106	0.016	0.101	0.011	0.089	0.018	0.084	0.012
工龄	0.067	0.167	0.083	0.053	−0.132	0.024	−0.116	0.029	0.057	0.255	0.071	0.114
自变量												
人际社会支持			0.489	0			0.531	0			0.454	0
R	0.115	0.490	0.250	0.489	0.183	0.465						
调整后 R^2	−0.002		0.226		0.048		0.225		0.019		0.202	

如表 2.34 所示，当人际社会支持为自变量，创新行为和工作绩效为因变量时，人际社会支持对创新行为和工作绩效的回归系数分别为 0.531 和 0.454，在 $P < 0.001$ 的情况下都显著。由此可见，人际社会支持正向影响创新行为和工作绩效，进一步验证了假设 2-22 和假设 2-23。

从表 2.34 可以看出，人际社会支持对个人-环境匹配的回归系数为 0.489，在 $P < 0.001$ 时显著。由此可见，人际社会支持对个人-环境匹配具有显著的正向影响，进一步验证了假设 2-24。

再次，对个人-环境匹配对创新行为、工作绩效的影响进行假设检验，如表 2.35 所示。

表 2.35　个人-环境匹配对创新行为和工作绩效的回归分析结果

	创新行为				工作绩效			
	第一步		第二步		第一步		第二步	
	β	Sig	β	Sig	β	Sig	β	Sig
人口统计学变量								
性别	−0.004	0.969	0.007	0.943	−0.015	0.863	0	0.996
年龄	0.199	0.106	0.220	0.063	0.033	0.753	0.061	0.516
受教育程度	0.106	0.016	0.104	0.014	0.089	0.018	0.086	0.011
工龄	−0.132	0.024	−0.156	0.006	0.057	0.255	0.026	0.564
自变量								
个人-环境匹配			0.342	0			0.458	0
R	0.250	0.373	0.183	0.477				
调整后 R^2	0.048	0.122	0.019	0.213				

如表 2.35 所示，当个人-环境匹配为自变量，创新行为和工作绩效为因变量时，个人-环境匹配对创新行为和工作绩效的回归系数分别为 0.342 与 0.458，在 $P < 0.001$ 的情况下均显著。因此，个人-环境匹配对员工创新行为和工作绩效具有显著正向影响，验证了假设 2-25 和假设 2-26。

最后，以人际社会支持和个人-环境匹配为自变量，创新行为和工作绩效为因变量进行回归分析，如表 2.36 所示。

表 2.36　对个人-环境匹配的中介效应分析结果

	创新行为						工作绩效					
	第一步		第二步		第三步		第一步		第二步		第三步	
	β	Sig	β	Sig	β	Sig	β	Sig	β	Sig	β	Sig
人口统计学变量												
性别	−0.004	0.969	0.046	0.626	0.044	0.637	−0.015	0.863	0.027	0.733	0.023	0.763
年龄	0.199	0.106	0.095	0.397	0.114	0.311	0.033	0.753	−0.056	0.555	−0.006	0.946
受教育程度	0.106	0.016	0.101	0.011	0.100	0.011	0.089	0.018	0.084	0.012	0.084	0.009
工龄	−0.132	0.024	−0.116	0.029	−0.125	0.018	0.057	0.255	0.071	0.114	0.045	0.300
自变量												
人际社会支持			0.531	0	0.472	0			0.454	0	0.298	0
个人-环境匹配					0.120	0.116					0.318	0
R	0.250	0.489	0.497	0.183	0.465	0.537						
调整后 R^2	0.048	0.225	0.229	0.019	0.202	0.272						

由表 2.36 可知，引入中介变量个人-环境匹配后，人际社会支持对创新行为与工作绩效的影响均减弱（两个因变量的 β 值分别由 0.531 变为 0.472，由 0.454 变为 0.298），同时，个人-环境匹配与创新行为与工作绩效分别呈正相关关系（$\beta = 0.120$，$P < 0.001$ 与 $\beta = 0.318$，$P < 0.001$）。

通过上述分析可以得出，个人-环境匹配在人际社会支持对创新行为与工作绩效的影响中起部分中介作用，其他影响因素也可能对员工的创新行为和工作绩效产生影响。假设 2-27 和假设 2-28 得到了验证。

综上所述，以上假设都得到了验证，证明了研究内容具有一定的现实操作可行性，假设检验汇总如表 2.37 所示。

表 2.37　假设检验汇总

序号	内容	检验结果
1	人际社会支持对员工创新行为有正向影响	支持
2	人际社会支持对员工工作绩效有正向影响	支持
3	人际社会支持对个人-环境匹配有正向作用	支持
4	个人-环境匹配对员工创新行为有正向影响	支持
5	个人-环境匹配对员工工作绩效有正向影响	支持
6	个人-环境匹配在人际社会支持与员工创新行为的关系间起中介作用	部分中介作用
7	个人-环境匹配在人际社会支持与员工工作绩效的关系间起中介作用	部分中介作用

2.5.5　结论

从以上检验可以看出，人际社会支持与个人-环境匹配之间存在显著的正相关关系，个人-环境匹配与创新行为、工作绩效之间也存在显著的正相关关系。

个人-环境匹配在人际社会支持与创新行为、工作绩效的关系间起部分中介作用，这意味着员工相互获得的人际社会支持越多，个人与环境的匹配程度越高，有利于员工利用组织内外的资源和个人资源进行创新行为，提高工作绩效。相反，如果员工难以得到人际社会支持，那员工与其所在组织的环境难以匹配，会出现难以忍受组织工作环境的意识，对其创新行为与工作绩效有负向影响。

因此，提高员工的人际社会支持和工作-环境匹配程度，使员工工作更加积极主动，是提高员工创新行为和工作绩效的重要途径。重要启示如下：

首先，关注员工的人际社会支持行为，包括通过提高上司、同事、家人和朋友对其工作的支持力度，以提高员工工作的主动性和积极性。一方面，组织应该建立良好的沟通渠道与机制，帮助员工与上下级和同事之间进行互助和沟通，让员工在工作中感受到团队的全力支持，得到整个团队的知识，实现信息共享，从而鼓励员工尝试以新的、非常规的工作方式进行创新；另一方面，组织也应该尽最大能力帮助员工解决其工作和家庭方面的冲突。组织管理者应尽量得到员工家属的支持和包容，加强与员工亲友的沟通，帮助员工避免因工作与家庭、社会冲突带来的伤害，并获得他们的包容和理解。组织经理可及时组织团体建设活动或家庭访问日，按组织自身能力发放家属慰问生活补贴等。帮助员工平衡家庭和工作之间的关系，帮助他们专注于工作，这有利于提高员工工作绩效和创新行为。

其次，应考虑到个人–环境匹配的中介机制。个人–环境匹配是影响员工创新的重要因素，能够有效进行创新行为和追求工作绩效的组织，需要一个个人与环境高度匹配的工作环境，因此，组织管理者应通过改善人际社会支持，营造良好放松的氛围，通过控制组织需求与供给、环境条件与资源、工作能力要求等个人–环境匹配的情境因素，提高员工创新行为的质量和工作绩效。

3 研究结论与建议

综合上述假设与分析，本章得出以下结论：

第一，参与多种多样的休闲活动以提升休闲满意度，不仅受到休闲项目的影响，更受到气候舒适度的影响。研究结果表明，风速舒适度对休闲满意度有积极影响，日照舒适度对休闲满意度有消极影响，气温舒适度和湿度舒适度对休闲满意度没有显著影响；休闲参与中的运动频次和运动时间对休闲满意度有明显的积极影响。气候舒适度对休闲满意度有一定程度的影响，更为舒适的气候会产生更高的休闲满意度，提升了气候舒适度的社会影响的理论解释力。

第二，气候舒适度对情绪管理能力有影响。情绪健康管理能力包含自我感知、社会交往、自我调适、心理满足，研究气候舒适度与情绪管理能力的关系的结果显示，舒适的气温、湿度和风速，有利于提升情绪管理能力，从而提高知识员工情绪健康和职业健康水平；不同程度的日照对情绪管理能力的影响则并不确定。因此在组织管理中，更加注重气候对情绪管理能力的影响，有利于提升员工的心理健康水平。在今后的工作生活中，为了获得更好的心境，更高的情绪管理能力，不仅可以从人际关系和所从事的工作入手，还应将气候方面的影响列入其中，使情绪管理的研究更加全面，更有利于提高人们的心理健康水平。

第三，气候舒适度与创新行为和工作绩效之间的关系方面，基于气温舒适度、湿度舒适度、风速舒适度、日照舒适度四个维度的气候舒适度感知对员工创新行为和工作绩效具有正向作用。因此，企业管理者应注意工作环境设施的优化，充分考虑不同群体对气候舒适度感知的差异，从改善不同工作环境设施和职业安全的角度来提高员工的工作绩效和创新行为，以促进企业发展。

第四，人际社会支持通过个人-环境匹配作用于员工的创新行为和工作绩效，人际社会支持正向影响员工的创新行为和工作绩效，同时个人-环境匹配在人际社会支持与员工创新行为和工作绩效之间的关系中起部分中介作用。因此，组织管理者应提高人际社会支持和个人-环境匹配程度，以提高员工的工作绩效，激发员工的创新行为，促进组织与员工的双赢发展。

同时，本书提出如下建议：

首先，45 岁以上的知识员工是国家和社会的宝贵财富，他们拥有丰富的知识经验和良好的社会责任感，我国建设创新型国家，必须重视和激励他们的创新行为，为国家发展和社会进步做出积极的贡献。

其次，本书的实证研究表明，气候舒适度和运动休闲能够提升知识员工的休闲满意度，以及提高知识员工的情绪管理能力（自我感知、社会交往、自我调适、心理满足）和职业健康水平。要想提高知识员工的创新行为和职业健康水平，既要从组织内部改善组织因素，提供组织支持政策，提高领导对员工创新行为的支持，改善领导与成员之间的关系，加强人际社会支持与合作；也要从组织外部改善外界环境因素，创造条件改善知识员工的工作环境，尽量使知识员工在适宜的气温、湿度、风速、日照等条件下工作。

最后，本书的实证研究还表明，气候舒适度对知识员工的创新行为产生直接影响，而人际社会支持和个人-环境匹配的中介效应，会间接影响知识员工的创新行为。因此促进知识员工创新行为，还要使个人的需求特征与环境能提供的支持相互匹配，促进知识员工既能在业余时间积极参与运动休闲，增强情绪管理能力，也能获得组织内部和环境要素的社会支持，包括工作情境中的社会支持和非工作情境中的社会支持，个人-环境匹配程度越高，知识员工的满意度越高。

下篇

支持知识员工创新行为的

工作-家庭氛围研究

4 研究概述

事业的成功和家庭的幸福是否能够两全？还是为了成就一个必须牺牲另一个？这是一个重要的问题，也是人们无法回避的问题。

4.1 理论价值与现实意义

对于知识员工来说，取得工作与事业的成功以及个人与家庭的幸福是他们孜孜以求的，这对组织保留关键员工、实现绩效目标也是至关重要的。然而对知识员工的研究表明，他们承受着工作压力、发展与晋升的压力、工作－家庭冲突、人际关系压力等，这导致知识员工面临多种挑战（徐荣，曹安照，2009）。组织发展的动力主要依靠知识员工的创新行为和组织的创新绩效，如何营造良好的氛围，实现组织与员工的双赢发展至关重要，这不仅与组织中影响员工绩效与创新行为的组织支持有关，而且与组织中专门针对员工的工作－家庭平衡政策和家庭中专门支持员工学习和工作的因素有关（Kossek et al.，2011）。

组织氛围即个体认知图式中相同或相似的部分，这种知觉决定着个体的动机和行为，并随着环境刺激的不同而发生变化（Litwin，Stringer，1968）。许多学者认为，探究组织氛围能够有效地理解组织成员的态度与行为，进而预测个体和组织的绩效。从 20 个世纪 80 年代开始，对组织氛围研究的重点开始逐渐转向探讨特定的氛围类型，例如组织中的创新氛围、伦理氛围等。工作－家庭氛围（work-family climate）是人们对工作－家庭支持程度的感知：一方面指在工作环境中，员工对组织管理者支持家庭需求的感知；另一方面指在家庭环境中，员工对家庭成员支持工作需求的感知。随着经济的全球化发展和信息技术的广泛使用，连接工作和家庭边界的机制受到环境因素制约，边界跨越日趋严重，工作与家庭之间既相互冲突，又相互促进。因此营造支持性的工作－家庭氛围，以促进工作-家庭关系从冲突走向促进具有必要性。

经济全球化后，中国在美投资企业和美国在华投资企业如雨后春笋；而信息技术的广泛使用，也使工作-家庭边界连接机制相互跨越渗透。如何营造支持性的工作-家庭氛围：一方面，要促进知识员工的创新行为，并提升员工工作满意度，提升企业的创新绩效，为组织保留关键员工；另一方面，要促进员工适应跨文化管理，有效履行工作、家庭、父母等多重角色责任，提高家庭满意度、维系良好的亲子关系等。工作-家庭关系同时受到快速变化的工作场所与缓慢变换的传统伦理的影响，比较研究中美两国促进知识员工创新行为的跨边界双向支持的工作-家庭氛围，以促进工作与家庭之间产生积极的相互影响，有利于中美企业在竞争与合作中相互借鉴。对于知识员工，他们的创造来源于组织和家庭的支持，既是组织竞争力的重要源泉，也是获得个人成就和家庭幸福的内在动力。

4.2　国内外研究现状

4.2.1　辩证看待边界跨越后的工作-家庭关系

（1）边界跨越后工作-家庭冲突不可避免。

没有一个领域与我们命运的关系比家庭更密切，因为我们可以退休，却不能离开家庭。工作-家庭边界问题经历了从工业革命时期把工作从家庭中分离出来，试图分割工作领域和家庭领域并使之独立，到为缓解边界分割后产生的冲突，逐渐谋求员工工作与家庭之间的平衡，再到信息时代开始促进工作-家庭逐渐融合的变化。工作-家庭冲突（work-family conflict）被定义为一种角色内冲突，即工作和家庭两种角色之间互不相容，参与其中一种角色会使得介入另一种角色变得困难（Greenhaus et al.，1985）。Clark（2000）的工作-家庭边界理论（work-family border theory）认为，工作和家庭有各自的边界，主要有物理边界、世俗边界、心理边界，人们在这些边界的转移中跨越，游走和徘徊在边界分割与融合之间（Kossek et al.，2005），人们在其中以不同的规则、思维方式和行为产生联系。Ashforth、Kreiner 和 Fugate（2000）的角色边界理论（role boundary theory）进一步解释了人们如何实现边界跨越：人们对角色的区分是通过对角色边界的认同而产生的；角色的认同过程就是对一个特定角色的特征，如特殊的目标、价值观、信念、标准、相关关系风格、时间范围等认识和接受的过程。当人们对两种角色的认同存在较大差异时，就是角色分割状态，此时角色的边界不灵活、不可渗透；相反当差异较小时，就是角色融合状态，此时角色的边界是灵活的和可以渗透的。Kreiner、Hollensbe 和 Sheep（2009）根据个人-环境匹配理论：如果个人与环境的变量相互匹配（协调），将会产生积极的结果，如满意感、积极情感；如果不匹配（协调），将会产生消极的结果，如紧张和冲突（Kulka，1979）。个人的工作-家庭边界偏好和环境的工作-家庭边界影响是导致个人-环境边界失调（boundary incongruence）的因素，工作-家庭边界失调的环境影响因素主要包括家庭成员、上级、下级、客户等。工作-家庭边界失调会导致工作-家庭边界违背（boundary violation），"边界违背"主要指特定情景中施者与受者关系中不恰当的行为，"侵入违背"是一个人渴望分割，却遭遇强烈的融合（环境不支持分割）；而"疏远违背"是一个人渴望融合，却被迫遭遇强烈的分割（环境不支持融合）；当边界违背的强度增加时，会导致更严重的工作-家庭冲突（Kreiner et al，2009）。

（2）工作-家庭存在跨边界的双向积极溢出。

工作-家庭氛围关注个体在工作与家庭之间发生正向迁移的过程（积极溢出），同时也关注在个体和系统两个水平上的积极改变（增益和助长），如个体通过工作给自己带来更高的成就感，同时也给家庭成员乃至整个家庭带来积极的改变（如家庭生活水平提高，关系更加和睦等）。按照 Greenhaus 和 Powell（2006）的工作-家庭增益理论（work-family enrichment theory），增益是指个体在某一领域取得的角色绩效有利于个体在其他领域的表现，增益建立在积极溢出的基础上，不仅包含个体参与某一角色活动所获得的情感、价值观、技能等资源可转移到参与的其他角色上，而且还包含个体可以通过发挥这些资源的效能来提升其他角色活动的绩效。有三种方式可以使个体在多种角色之间产生积极的结果：第一，工作的经验和家庭的经验可以对人们的幸福产生附加效果，有利于增强人们生理和心理上的幸福感，让人们感知到高质量的生活，多种角色的经验和满意感远远大于一种角色带来的效果；第二，参与工作和生活的多个角色可以缓解个体从一个角色中带来的不幸；第三，一种角色的经验可以对另一角色产生积极的效果。Wayne、Grzywacz 和 Carlson（2007）研究了工作-家庭增益的六个维度模型，具体包括三个引起工作对家庭增益的资源维度：发展性资源（技术、知识、价值观等）、情感资源（心情、态度、信心或其他情感方面的变化）、物质资源（如获得经济、社会和健康方面的福利），以及三个引起家庭对工作增益的维度：发展、情感、效能（由多种角色责任促使的关注度提高）。由此可见，工作与家庭之间存在一种相互助益的内在联系。

工作与家庭之间无论融合或分割都会产生两面性的结果。关于工作-家庭融合和分割所产生的效果，Powell 和 Greenhuas（2010）研究发现，工作-家庭分割可以降低工作-家庭冲突，但也降低了工作-家庭角色间的积极溢出；而工作-家庭融合有利于提升任务绩效、改善积极情感，却也带来了较高的角色冲突；这就需要工作与非工作情景中的各种资源予以支持，包括工作中的社会支持和家庭中的社会支持（李贵卿 等，2011；Illes et al.，2009）。

（3）营造支持性的工作-家庭氛围。

为使工作-家庭的关系从相互冲突走向双向积极溢出，需建立双向支持性的工作-家庭氛围。Kossek 等（2011）研究了组织支持和上司支持对下属工作-家庭冲突的影响，根据组织支持理论，必须有专门针对员工工作-家庭冲突的支持才会对其产生积极影响，如上司关心下属的工作-家庭边界连接的政策经验、为员工提供直接的资源、使员工感觉到利用组织的工作-家庭政策不会有负面后果、营造不牺牲家庭的氛围等，能缓解员工的压力和冲突。Halbesleben 等（2010）的研究也认为，家庭配偶的支持也需要专门的策略来缓解工作-家庭冲突，如果配偶与员工处于边界分割的状态：既不是同类的职业，也不处于同样的工作场所，这时配偶适合给员工提供情感性支持；如果配偶与员工处于边界融合的状态：或是同类的职业，或处于同样的工作场所，这时配偶适合给员工提供工具性支持，能缓解员工情绪耗竭、提升幸福感。

在工作-家庭氛围的研究中，Kossek、Colquitt 和 Noe（2001）在研究家庭照顾责任中的决策问题时，发现员工的工作-家庭氛围会直接或间接影响照顾决策，该研究认为家庭中的工作-家庭氛围有"分享工作关注"和"为家庭牺牲工作"两种氛围，工作中的工作-家庭氛围也有"分享家庭关注"和"为工作牺牲家庭"两种氛围。而 O'Neill 等（2009）在研究高层经理感知的工作-家庭氛围对员工组织承诺与离职意向的影响时，从 Thompson、Beauvais 和 Lyness（1999）提出的组织要求牺牲家庭生活的时间期望、使用家庭福利政策对员工产生的职业负面后果、对员工实现工作-家庭平衡的管理支持三个维度来测量组织支持性工作-家庭氛围。

虽然许多学者意识到，促进员工工作-家庭和谐，最重要的是改善分享非工作角色责任的氛围，而不仅是提供工作-家庭友好项目（Anderson et al.，2002）。Kossek 等（2001）在研究家庭照顾责任决策问题时发现：家庭中分享工作关注的氛围与工作绩效、家庭绩效、幸福感正相关；工作中分享家庭关注的氛围与工作绩效、幸福感正相关；家庭中牺牲工作的氛围与工作-家庭冲突正相关、与幸福感负相关，但与家庭绩效正相关；工作中牺牲家庭的氛围与工作－家庭冲突正相关，与家庭绩效和幸福感都负相关。Cleveland 等（2006）利用感知组织的绩效期望、组织的时间要求这两个维度来测量工作氛围，发现工作氛围与角色冲突、工作－家庭冲突和感知的时间－能量不平衡等都正相关。O'Neill 等（2009）研究了高层经理感知的支持性工作－家庭氛围对员工的组织承诺和离职倾向的影响，研究发现经理支持员工平衡工作－家庭责任及职业负面后果等与员工离职倾向负相关；经理的时间期望与员工离职倾向不相关；而经理支持员工平衡工作－家庭责任与员工组织承诺正相关。这些研究都表明，支持性工作－家庭氛围对员工有积极的影响。Matheis 和 Adams（2004）研究认为家庭环境氛围会影响孩子的认同风格，在夫妻关系和谐紧密的家庭中，孩子容易产生规范型的认同风格；而在父母积极参与家庭事务，善于表达情感，具有表现力的家庭中，孩子不容易出现规避型的认同风格。Michel 和 Hargis（2008）研究了工作中的社会支持、工作投入、角色冲突、时间投入、角色模糊等通过工作－家庭冲突对家庭满意感的影响，以及家庭中的社会支持、家庭投入、角色冲突、时间要求、角色模糊等通过家庭－工作冲突对工作满意感的影响，表明这些影响都是显著的，这为我们营造双向支持的工作－家庭氛围提供了重要的理论依据。

4.2.2　工作场所快速变化后知识员工的工作－家庭冲突

知识员工拥有知识资本，掌握生产工具，是知识的生产者、分享者，更是知识的创造者。Scarbrough（1999）认为知识员工的职业动力和对专业的忠诚度，要远远高于对组织的忠诚度。在知识经济时代，知识更新特别快，知识员工所具备的知识、技能会随着时间的推移逐渐老化，知识员工想要保持其能力和价值，更需要持续的学习与创新（骆静，廖建桥，2006）。

（1）知识员工的工作－家庭冲突现象较为严重。

张伶、刘宁、谢晋宇（2009）研究了高科技企业知识员工工作－家庭冲突的影响因素：知识员工对知识、个体和事业成长的不懈追求，使其必然追求较强的自主性，更强调工作中的自我控制，因此渴望工作场所、工作时间、工作任务等方面的灵活性以及宽松的组织气氛。张丽俐（2010）调查了女性高科技人才工作－家庭冲突的状况，发现女性科技人员在时间冲突方面感受明显，生育和子女教育问题对女性高科技人才的工作影响突出，人际关系和职业发展压力加剧了女性高科技人才的工作－家庭冲突。Kirby 等（2004）研究了知识员工周末返回学校学习对工作和家庭产生的影响：在家庭方面，他们感觉时间紧张，回家做功课影响了与家人的活动，家庭事务与学校日程冲突导致身体感觉劳累；在工作方面，学校的要求使他们感觉劳累，正常的工作程序被打乱影响了工作等，可见知识员工的工作-家庭-学习冲突较为严重。

（2）促进知识员工实现工作-家庭平衡迫在眉睫。

王婷、徐培、朱海英（2011）研究认为，工作-生活平衡包括价值认同、资源共享、角度适度等维度。价值认同指家庭对科研人员的事业的认同，家庭与科研人员工作的角色期望相匹配；资源共享指科研人员得到家庭的鼓励、安慰等情感资源的支持，同时科研人员为家庭提供家庭需要的资源与支持；角色适度指不论情况如何复杂，科研人员都能适时对各种情况做出反应和调整，恰当地进行角色转换，这当然需要组织和家庭的支持。Madjar、Pratt 和 Pratt（2002）研究工作情境与非工作情境中的人际社会支持对员工创新行为的影响时提出，人际社会支持有利于促进知识员工产生新的想法，创造性地开展工作，这种支持不仅有组织中的上司/同事支持（领导充分授权、支持创新想法、资源条件支持；同事参与合作、激发创新灵感、经验分享等），还有非工作情境中人际社会支持对员工创新的影响也很重要，如家人/亲友支持（家人的创新思想启发、支持参与学习、分担家务劳动）对员工的创新行为产生积极影响。Kirby 等（2004）也发现只有在家庭中获得家人和朋友的支持、在工作中获得上司和同事的支持，才能有效地平衡工作-家庭-学习的关系。张丽俐（2010）也认为知识员工将对家庭生活的幸福感带到工作中，有利于更好地协调组织中的人际关系，有更大的动力、责任心、自觉性完成组织要求以外的工作，增强员工的忠诚度，可见促进工作-生活平衡需要双向支持。

（3）边界跨越后知识员工如何实现工作-家庭双向积极溢出。

信息技术的大量使用，特别是手机和电子邮件等信息技术的使用，使知识员工的工作-家庭边界高度跨越，要求员工 24 小时手机开机、接受工作邮件或家庭事务电话，因此如何处理边界跨越后的工作-家庭冲突，促进工作-家庭积极溢出，非常紧迫。我们如何设计组织工作流程、如何安排工作日程、如何评价员工的绩效等都会影响员工的工作-家庭平衡。Valcour 和 Hunter（2005）认为科学技术可以通过工作组织、穿越时空的工作重新分配等途径，促使知识员工适应工作-家庭边界的分割与融合，从而适应工作场所快速变化的管理特征。信息技术的大规模使用，以及管理流程再造、精细化生产等，使工作场所的工作分配和工作组织发生了深刻的变化，并且使得穿越时间和空间重新分配工作成为可能，无论是跨洲界的企业还是相邻的生产车间，都是这样的。信息和通信技术将员工与办公室相连的程度和数量、在办公室与在家的时间分配、连接客户和外部团体的数量、其他事件上专业人员不同程度的自治经验等都要求知识员工适应快速变化的工作场所，但是技术条件变化对工作-家庭产生影响的实证研究却很少。

4.2.3 中西方传统工作-家庭伦理影响下支持知识员工创新行为的工作-家庭氛围

中西方传统工作-家庭伦理深深影响着人们对于工作、家庭的认知。彼得·德鲁克作为美国现代管理学的创始人，他的思想深深地受到中国传统工作伦理的影响，比如他认为组织管理知识员工的出发点以中国传统人际关系的原则为基础，包括等级观念、相互依存、个人道德。Romar（2004）认为组织的成功取决于组织中成员的尊重等级，要互惠地处理好组织、社区和组织成员之间的相互依存关系，确保组织合乎道德并和谐发展。因此中西方传统工作-家庭伦理既有以往的冲突，也有未来走向融合的可能。中西方传统工作-家庭伦理的比较分别如表4.1和表4.2所示。

表 4.1 中西方传统工作伦理的比较

	西方传统工作伦理	中国传统工作伦理
成功标准	Weber（1930）认为，工作是天职。勤劳、诚信、敬业、节欲等是西方传统工作伦理价值观崇尚的道德	"正心、修身、齐家、治国、平天下"（《礼记·大学》）。正心是成就大事的思想基础，修身、齐家只是做基本功课，目的是实现治国平天下的理想
等级观念	人人平等，工作自主，人们可以自由地选择职业	等级森严，克己复礼，各行其道、各安本分、强调服从，君贤臣忠
价值取向	强调个人权利和个人自由；关注自尊；相信成果是自我努力的结果，而失败是道德缺失的结果（Hofstede，1983）	强调集体主义，注重群体利益和成员之间的和谐；强调个人利益要服从群体利益（Hofstede，1983）
构成维度	Wollack、Goodale 和 Smith（1971）提出六个维度：内在价值、组织-人的伦理、向上努力、传统伦理、工作社会地位、对薪酬的态度	杨国枢和郑伯熏（1987）提出的价值观包括：家族主义、谦让守分、面子关系、团结和谐、克难刻苦。王业桂（1993）提出的价值观是：补充集体利益、平安宽容

表 4.2　中西方传统家庭伦理的比较

	西方传统家庭伦理	中国传统家庭伦理
存在目的	丈夫和父亲要用爱心和智慧管理家庭；妻子要爱丈夫和孩子，以核心家庭为主	家庭存在的目的是封妻荫子、传宗接代、光耀门楣；父母在时不能分家，结婚的子女与父母同住的大家庭随处可见
夫妻关系	夫妻关系是家庭中最重要的关系，夫妻平等	夫为妻纲，丈夫要支配妻子；新中国成立后逐渐实现夫妻关系平等；夫妻关系受到父子关系、婆媳关系、姑娌关系的影响
子女关系	父母要按照主的教导和警戒教育孩子，应该给子女一种正当的生活，一个有前途的将来。注重子女教育和职业培养，但是子女的一切行为是自主和自由的	父母认为子女是自己生命的延续，甘愿牺牲时间、精力、金钱等来抚养子女，教育子女。中国以注重子女教育闻名于世，但提倡"父母在，不远游"
父母关系	几乎没有孝敬父母的观念，父母的养老主要靠社会安全保险和医疗保险。子女和父母也是平等的关系	"百善孝为先"，孝顺父母的观念根深蒂固，赡养照顾父母是基本的道德标准，子女要顺从父母的意志

对于知识员工的工作-家庭关系来说，工作中主要支持学习和创新，而家庭中主要缓解压力、促进身心健康等；但有时工作中也可以缓解压力，家庭中也学习创新，分享心得。

（1）中美相似的家庭氛围。

注重子女教育。费孝通认为，中国父母把子女看成是自我的一部分，觉得子女的成就比自己更重要，因此中国人比较看重下一代的教育，有好的教育才有好的未来（马戎，2009）。美国也比较重视子女的教育，美国人的平均受教育水平较高。

配偶情感关怀。Brennan 和 Shaver（1995）认为美国夫妻关系是人际关系中最亲密的关系，至少应该包括：了解、关心、信赖、互动、信任和承诺。任俊（2006）认为中国的夫妻亲密关系包括：了解、归因、接受、尊重、互惠等几个方面。

支持学习成长。中国人为了支持配偶学习可能承担较多责任（包括照顾子女和对方父母等），我国对这些行为采取法律保护和社会赞许的态度（谷景志，2010）。美国配偶之间在支持成长方面，也提供情感性支持和工具性支持等（Greenhaus，Powell，2006）。

（2）中美不同的家庭氛围。

服从家长或自由意志。受中国传统家庭伦理的影响，中国人服从父母，许多事情由父母帮助决定。受西方传统家庭伦理的影响，美国人崇尚自由，父母也要尊重孩子的自由意志。

等级观念或强调平等。中国传统家庭伦理的核心就是等级森严，父为子纲，强调规矩、各安其分。西方传统家庭伦理强调夫妻平等，父母与子女之间也是强调平等和自主的。

平安和谐或崇尚冒险。中国的传统观念是平安和谐、枪打出头鸟、不越雷池一步、平安是福等。而美国历史从征服美洲大陆开始就是一部冒险家的历史，冒险几乎就代表美国国家精神，冒险的西部牛仔是他们所尊崇的。

（3）中美相似的支持创新行为的工作氛围。

勤奋工作。勤劳是中华民族的传统美德，改革开放时期成长起来的一代人更愿意通过自己的努力和能力来实现人生的成功，获得社会地位和声望（张志学，张建君，2010）。美国人努力奋斗，认为在工作中取得好的业绩会带来强烈的自尊，并赢得尊重和晋升，白手起家的人更是比比皆是（Egri，Ralston，2004）。

强调学习。中国自古就有"学而优则仕"的选拔取向，企业员工特别注重通过培训学习提升自我的竞争能力（杨中芳，2009）。美国则以员工学习为核心的第五项修炼为代表，建设学习型组织，并风靡美国企业，对学习的重视可见一斑（Senge，1990）。

注重创新。美国注重原始创新，美国人追求思想自由、探索自由，受西方传统伦理的影响，以及自我实现的价值取向，美国企业会营造创新氛围，促进知识员工创新（Amabile et al.，1996）。我国企业也在不断促进创新中探索（顾远东，彭纪生，2010），并且从人力资本与社会资本等多角度促进创新（顾琴轩，王莉红，2009），提升企业激励水平，营造支持创新的组织文化等。

由于传统伦理的差异，中美在处理工作-家庭关系时，各种管理政策和社会支持方面有较大差异。对于经济全球化的今天来说，中国在美投资企业和美国在华投资企业都很多，这两种企业的员工同时面临这两种伦理的潜移默化，在现实中会产生怎样的影响呢？这是目前研究非常缺乏的内容。

4.3 研究总体评述与拟解决的问题

综上所述，目前国内该领域的研究还存在以下一些问题亟须解决：

4.3.1 目前的工作－家庭氛围研究难以兼顾工作场所的快速变化和传统伦理的深远影响

目前关于工作－家庭氛围的测量过于简单，无法反映技术条件变化后（特别是大量使用手机和电子邮件后），快速变化的工作环境中工作－家庭氛围的新特征；无法反映中美文化差异导致的知识员工学习和创新行为的差异：中美两国比较起来，美国更多从事原始创新，而我国更多从事增值创新；我国未来要建立创新型国家，除要学习先进技术和管理经验外，还要大力挖掘支持知识员工创新行为的社会文化因素。社会传统文化的转变缓慢而影响深远，组织管理环境的变化快速且会影响当下，这更需要从中西方传统伦理方面进行反思。在前期工作－家庭氛围的研究里，对工作－家庭氛围特征的描述甚为简单。这些重要变量与信息的缺失，导致我们无法有效地进行跨文化比较。因此，有必要据此归纳和总结出支持创新行为的、更切实的工作－家庭氛围维度和类型，并开发有效的测量工具。

4.3.2 亟须验证跨文化条件下双向支持的工作－家庭氛围产生的交互溢出效果

在支持知识员工方面，工作中主要支持学习和创新，而家庭中主要缓解压力和促进身心健康，因此家庭的支持与组织的支持是相互促进的，能发挥协同效应。工作－家庭氛围既要体现工作中的支持氛围，也要体现家庭中的支持氛围，并且这两种氛围是能跨越工作－家庭边界产生交互影响的。如何验证这种双向支持产生的交互效果，特别是在跨文化的条件下，中国在美投资企业、美国在华投资企业都亟须积极营造促进知识员工创新行为的工作－家庭氛围，因此，我们必须进行深入规范的跨文化比较，从不同来源（中国在美投资企业、美国在华投资企业）和不同视角（中国员工如何看待中国管理、中国员工如何看待美国管理、美国员工如何看待中国管理、美国员工如何看待美国管理）进行研究与测量，才有利于促进跨国企业的管理实践，产生让人信服的研究结论和学术贡献。

4.3.3　亟须研究工作-家庭边界连接机制的个人-环境匹配对工作-家庭氛围产生的影响

随着信息技术的广泛使用，人们对于工作-家庭边界连接机制的偏好存在差异，并且这种差异随着环境的变化也会不同，有的人偏好分割，有的人喜欢融合，而分割和融合产生的结果因人而异。由于传统伦理的影响，工作中的社会支持和家庭中的社会支持也存在差异，工作中的社会支持主要来自上司、下属、客户、同行等，家庭中的社会支持主要来自配偶、父母、子女、朋友等。对于知识员工来说，如何使特定技术条件下自身的边界偏好与影响边界连接机制的环境因素相匹配，产生积极的效应而避免消极的结果，是理论与实践都非常关注的问题，我们需要解决这些问题，并进行实证检验，为企业人力资源管理提供有益的实践指南。

本书将总结当前在促进知识员工创新行为的工作-家庭氛围研究中遇到的主要问题，从个人边界偏好和环境人际社会支持的个人-环境匹配的视角，在综合国内外前期研究的基础上，建立起"个人-环境匹配—感知氛围—综合结果"的理论模型，通过问卷调查、深度访谈、跨案例研究等方法对该理论框架变量之间的关系进行检验和解释，实现理论创新并指导组织管理实践。

5　研究目标与内容

5.1　研究目标

　　本书将根据个人-环境匹配理论、角色理论（角色边界理论、角色认同理论）、组织氛围理论等，研究在工作场所快速变化和传统伦理深远影响下的支持知识员工创新行为的工作-家庭氛围。首先对支持知识员工创新行为的工作-家庭氛围的概念范畴进行归纳分析，总结其维度和类型。然后综述现有成果，建立"个人-环境匹配—感知氛围—综合结果"的理论模型，并通过问卷调查进行验证和改进；针对其中成功与失败的典型案例进行实地访谈，对理论模型进行解释和应用；调查工作-家庭氛围对知识员工工作及家庭的影响机制，通过跟踪访谈并采用跨案例研究设计，从更长的时间维度上分析其影响效果。以上研究结论对于拓展类似支持性工作-家庭氛围的理论具有重要价值，对于指导组织进行跨文化人力资源管理实践，实现员工与组织的双赢具有积极作用。

5.2　研究内容

5.2.1　员工感知的双向支持的工作-家庭氛围测量工具开发

　　工作-家庭氛围是人们对工作-家庭支持程度的感知：一方面指在工作环境中，员工对组织管理者支持家庭需求的感知；另一方面指在家庭环境中，员工对家庭成员支持工作需求的感知。Kossek、Colquitt 和 Noe（2001）对工作-家庭氛围的研究过于简单，目前还应兼顾快速变化的工作场所特征和传统伦理的深远影响，因此在文献研究的基础上，围绕以下两个问题展开分析：

　　快速变化的工作场所包括：组织的绩效期望、时间期望、空间期望；企业产假、年休假、病假、事假等执行情况；员工使用家庭友好政策（弹性工作时间、远程办公、压缩工作周、非全日制工作、工作分享）带来的职业风险等。

传统伦理的深远影响包括：关注子女教育、配偶情感关怀、支持学习成长；服从家长、等级观念、平安和谐；自由意志、强调平等、崇尚冒险；勤奋工作、强调学习、注重创新；管理控制、家族导向、人情关系、过犹不及；工作弹性、个人导向、规则意识、马太效应等。

工作-家庭氛围包括支持工作的家庭氛围（关注工作的氛围、牺牲工作的氛围）和支持家庭的工作氛围（关注家庭的氛围、牺牲家庭的氛围）两个子维度。首先，利用焦点小组访谈，分别对中国在美投资企业、美国在华投资企业的知识员工进行开放式调查，并形成项目库；其次，请本领域专家根据概念进行归纳，并对其进行严格的筛选与分类，根据类别定义进行归类并形成维度；最后，按照规范的步骤开发工作-家庭氛围测量工具，并将结果与现有理论进行比较分析。

5.2.2 兼顾工作场所变化和传统伦理影响的工作-家庭氛围理论研究

个人-环境匹配（P-E 匹配）理论提出了一个经典的结论，如果个人与环境的变量相互匹配，将会产生积极的结果，如满意感、积极的认知；如果不匹配，将会产生消极的结果，如消极的认知、紧张和冲突感（Kulka，1979）。Edwards 和 Rothbard（2005）将个人-环境匹配理论用于解决工作和家庭中的问题、研究工作压力和家庭压力如何影响人们的幸福感，认为需求与供给可以在家庭与工作之间加以区分，有些需求和供给能相称地贯穿于工作和家庭领域，关键取决于自身的需要和供给的资源是否匹配。Kreiner（2006）和 Kreiner 等（2009）都认为员工个人的工作-家庭边界偏好和影响工作-家庭边界的环境因素是导致个人-环境边界匹配（协调）／不匹配（失调）的因素，根据该理论我们展开如下研究：

5.2.2.1 工作-家庭边界的个人-环境匹配分析

（1）影响工作-家庭边界的环境因素。

工作-家庭边界的"社会建构"，依赖于人们对可利用策略的认同，这可以为人们提供行动的知识并决定角色投入程度，帮助人们形成经验，理解和解释角色关系，并塑造他们的世界（Clark，2000）。工作-家庭领域非常重视人际的社会支持研究，Carlson 和 Perrewe（1999）研究了工作与非工作情景中的人际社会支持对工作-家庭冲突的影响，社会支持作为自变量、中介变量、调节变量都会对工作-家庭冲突产生作用，但是经检验发现，其作为自变量时效果最好，缓解工作-家庭冲突的效果最强。

个人与工作中人际支持因素的匹配程度。工作中的人际支持因素有上级、下级、客户、同行等，个人与职业生涯中这些相关者的边界偏好共同构建匹配程度，会影响员工对可利用策略的认知；上司可能根据自身的偏好来影响员工的边界偏好、下级可能帮助员工构建希望的边界状态、客户一般都希望员工分割工作与家庭、而同行则取决于其他人的期望和需求，这些都会影响员工对氛围的感知。

个人与家庭中人际支持因素的匹配程度。家庭中的人际支持因素有配偶、孩子、父母或与家庭有亲密关系的朋友等，个人与家庭中其他成员的边界偏好共同构建匹配程度，同样也会影响员工的感知。

（2）个人的工作-家庭边界偏好。

Kreiner 等（2009）认为个体会不断变换他们在工作-家庭边界中分割或融合的偏好，以适应环境的影响。Illes、Wilson 和 Wagner（2009）研究了工作-家庭融合的调节作用，其能提高员工日常工作满意感对配偶报告的积极情感的影响，降低对配偶报告的消极情感的影响。李贵卿、井润田（2010）研究了融合倾向带来的结果，能促进工作-家庭融合，提升工作绩效和主观幸福感；工作-家庭分割倾向导致工作-家庭实际分割，从而降低了工作-家庭冲突，但同时也降低了工作-家庭积极溢出（Powell，Greenhaus，2010）。人们的分割/融合偏好会调节组织边界管理和员工工作满意感与组织承诺的关系，当组织提出较多弹性工作制、压缩工作周等工作-生活融合策略时，人们的分割偏好越强烈，其工作满意感和组织承诺越低，反之则越高（Rothbard et al.，2005）。

边界分割偏好指"分割者"希望保持工作-家庭不同领域分开，建立和维持一个"心理上的围墙"（Edwards，Rothbard，1999；Powell，Greenhaus，2010）；如果偏好分割的人得不到边界分割的支持，就会产生侵入违背。

边界融合偏好指"融合者"期望合并工作-家庭两个不同的领域，基本上消除两个领域之间各方面的混合边界（李贵卿，井润田，2011）；如果偏好融合的人得不到边界融合的支持，就会产生疏远违背。

影响工作-家庭边界的环境因素与个人的工作-家庭边界偏好之间的匹配程度，可以为知识员工提供行动的知识并决定角色投入程度，帮助他们形成经验，并理解和解释角色关系，本书就根据这个理论对模型进行建构。

5.2.2.2　工作-家庭氛围对知识员工态度和行为的影响

（1）角色认同可能是工作-家庭氛围与员工输出结果之间的中介变量。

氛围如何影响员工的态度与行为，一种观点是直接产生影响，另一种观点是通过其他变量的中介作用产生影响。如 Smidts、Pruyn 和 Riel（2001）研究了组织氛围对组织认同的影响，发现员工评价组织的沟通氛围显著影响组织认同。目前支持性的工作-家庭氛围对员工产生的直接效果比较明确，但是缺乏内部机制对其进行细致的分析。角色认同（role identity）是定义自我概念内化的角色期望，Stryker（2001）认为，由于个体有许多角色身份，不同的角色身份按照其重要程度来进行建构，认同的显著性（identity salience）取决于个体获得他人支持的程度、对这种身份认同或承诺的程度、从角色身份中获得内在或外在奖赏的程度；一个角色身份越重要，人们在相应情景中就越可能扮演该角色。一个人越是认同一个角色，就越可能投入更多的时间、精力和资源在这个角色中，因为这可能带给人们自尊和机会，以实现自我价值，并且这种投入对于这个人来说非常重要。Rothbard 和 Edwards（2003）从认同理论的视角解释了人们投入工作角色和家庭角色的动机，研究发现工作（家庭）角色认同正向影响工作（家庭）时间投入，而工作（家庭）时间投入正向影响与工作（家庭）相关的快乐，这解释了角色认同-角色投入-角色效用的关系。可见在组织中，员工感知的工作-家庭氛围会影响员工对工作和家庭角色获得支持、承诺和奖赏的感知，从而影响角色认同和角色投入，并影响个体的态度与行为。

关于角色认同的结果，Ana F. Abraido-Lanza（1997）研究发现，角色认同与自尊、胜任力、心理幸福感正相关，因此不难理解角色认同容易产生高的角色投入、高胜任力，从而产生高绩效。Haslam 等（2009）研究认为，社会认同在一个工作群体中对于群体成员的幸福感和士气都有积极影响。

根据中介变量的特点，支持性的工作-家庭氛围对认同、承诺、绩效、幸福感等有影响；而角色认同对承诺、绩效、幸福感、胜任力有影响，参照组织氛围对组织认同产生的影响，我们认为员工感知的工作-家庭氛围会通过角色认同对员工的工作和家庭产生影响。

（2）传统伦理可能是工作-家庭氛围与角色认同之间的调节机制。

中国传统伦理主要包括以下几个方面：

①家庭伦理方面，Chuang（2005）调查了家庭和谐互动对幸福感的影响，调查对象包括每个家庭的父亲、母亲和孩子，主要测量了人与人之间的六类关系：爱（培育）、指导、专制、敌意、屈从和尊重。研究表明，中国传统家庭

伦理强调共同分享的家庭互动情感模式更有利于家庭和谐。

②工作伦理方面，杨国枢和郑伯薰（1987）认为中国传统工作伦理包括家族主义、谦让守分、面子关系、团结和谐、克难刻苦。王业桂（1993）认为还包括集体利益、尊重等级、平安和谐、谦和宽容、安分守礼等。Hofstede和Bond（1988）发现，接受等级制度的合法性和崇尚节俭的价值观，以及强调传统社会责任等，是推动国家经济发展的重要动力。

③产生效果：Yeh和Xu（2010）调查了上海与台湾新竹的企业，发现中国传统工作伦理主要通过尊重等级以促进和谐，个人利益服从集体利益；中国传统工作伦理强调注重规范、尊重长辈、论资排辈、人际和谐等，与西方强调创新的工作自治、崇尚冒险、注重能力而非资历等氛围有着一定的区别。西方人容忍冲突以促进和谐，而中国人尊重等级以促进和谐；中西方都注重学习和道德，西方人注重专业知识的教育，中国人更注重通识知识的教育；中国传统工作伦理与西方一样促进创新，只不过路径不同。Andrew等（2003）发现与不认可中国传统工作伦理的员工相比，懂得较多中国传统工作伦理的员工有较高的组织承诺水平和工作绩效。

西方传统伦理主要包括以下几个方面：

①家庭伦理方面，Garrett（1998）分析了美国家庭的特点，首先家庭的建立和配偶的选择必须建立在男女彼此的爱情基础之上；在家庭中夫妻必须和谐友好；家庭以夫妻和未成年的孩子为核心；尊重女性，女性在家庭中获得高度的平等。

②工作伦理方面，Mirels和Garrett（1971）认为西方传统工作伦理包括努力工作会带来成功、工作是个体毕生的职业、对金钱和时间的节约、内控、对闲暇持否定态度5个维度。但有人认为这不能完全代表Weber（1930）的思想，还应包含工作重心、自我依赖、努力工作、追求休闲、道德意识、延迟满足和对时间的态度等（Miller et al., 2002）。Merrens和Garrett（2002）发现，懂得更多西方传统工作伦理知识的人更敬业（花费更多时间去应付烦琐的工作），因为他们更容易感知公平（认为基于绩效的报酬是公平的），强调自我价值实现。

③产生效果：人们如果相信自己能控制结果，就能增加幸福感，经济上的成功也能使人们产生幸福和自信的感觉（Miller, Seligman, 1975）。

从以上的研究可以看出，中西方传统伦理存在的差异，会使人们产生不同的行为和结果，因此可能对工作-家庭氛围与角色认同起到调节作用，并调节工作-家庭氛围与员工结果之间的关系。

5.2.2.3 工作-家庭氛围对员工工作和家庭产生的影响

（1）对知识员工创新行为的影响。

关于创新行为，Scott 和 Bruce（1994）认为，员工创新行为由个体对问题的认知及观念形成，创新个体就其创意寻求援助，尝试建立支持者联盟，将创新想法进行实践，最后形成产品或服务。目前国内管理学界主要研究组织如何创造条件，促进员工的创新行为，包括促进创新的组织学习型文化（张国梁，卢小军，2010）、领导成员关系（孙睿 等，2009）、员工激励偏好（刘云，石金涛，2009）、营造创新氛围（顾远东，彭纪生，2010）、组织心理授权（刘云，石金涛，2010）、人力资本与社会资本的互动促进作用（顾琴轩，王莉红，2009）等，这些研究帮助我们从组织的视角出发，认识促进员工创新行为的组织措施。但有些研究表明，来自人际的社会支持对创新行为也有积极的影响。

上司/同事支持。Oldham 和 Cummings（1996）研究发现上司与同事支持员工的创新行为，有利于员工提出有重大贡献的专利申请，以及有更高的创造力。Farmer、Tierney 和 Mcintyer（2003）研究发现，同事的创新期望、自己定义的创新行为等会影响员工的创新角色认同，从而影响员工创造力。

家人/亲友支持。Koestner 等（1984）研究认为从家庭成员和朋友的支持可直接促进员工的创新行为；Walberg 等（1980）研究表明，当员工在工作中有丰富的创造性成果时，他们回忆孩童时代，都得到了父母在创造性方面的支持，这表明家人/亲友支持对员工的创新行为有显著影响。

有些学者认为员工创新行为是一种由员工自由决定的角色外行为，有可能不被组织奖励系统识别到，除非产生了实质性效果（刘云，石金涛，2009）。Madjar、Pratt 和 Pratt（2002）研究了工作情境与非工作情境中的人际社会支持通过员工情绪状态产生的中介作用，都对员工创新绩效产生了积极的影响，这更需要奖励系统之外的家人/亲友的支持与鼓励。目前研究影响员工创新行为的因素主要集中于文化支持、组织支持和领导支持，但上司/同事、家人/亲友支持对创新行为影响的研究较少，我们认为由上司/同事和家人/亲友营造的双向支持氛围对员工创新行为会有积极影响，员工从工作中取得了成就，获得了尊重，因此有利于提高工作满意感。

（2）对员工家庭幸福感的影响。

Kossek 等（2001）研究发现，在工作中关注家庭的氛围有利于改善婚姻满意度和角色间积极溢出，家庭认同与家庭角色显著相关，越认同家庭，越有可能在家庭中投入时间、精力和情感，这些与婚姻满意度和亲子关系质量有密切的关系。Small 和 Rilley（1990）认为工作中的许多因素会影响家庭生活；

工作-家庭边界融合后，配偶可以给员工提供工具性支持，缓解员工的工作压力和情绪耗竭（Halbesleben et al.，2010）。张勉、李海、魏钧、杨百寅（2011）的研究也发现，家庭-工作冲突负向影响员工的工作满意感，工作-家庭冲突也负向影响员工的生活满意感。

5.2.3 构建并验证支持知识员工创新行为的工作-家庭氛围理论模型

这部分是本书研究的重点。根据文献分析，结合个人-环境匹配理论、组织氛围理论、角色理论（角色边界理论、角色认同理论），在中美传统伦理比较视角下，围绕支持知识员工创新行为的理论与实践，建立了"个人-环境匹配—感知氛围—综合结果"理论模型。由于氛围被认为是环境因素与环境输出变量之间的连接机制，根据文献研究，基于个人-环境匹配理论，知识员工感知的工作-家庭氛围受连接工作-家庭边界的环境因素（工作中人际支持、家庭中人际支持），以及自身工作-家庭边界偏好（偏好边界融合、偏好边界分割）相互匹配的影响。工作-家庭氛围包含支持工作的家庭氛围（关注工作的氛围、牺牲工作的氛围）和支持家庭的工作氛围（关注家庭的氛围、牺牲家庭的氛围）两个子维度。根据角色理论，知识员工对工作-家庭氛围的感知又影响员工的角色认同（工作角色认同、家庭角色认同），而角色认同分别对员工工作（创新行为、工作满意感、工作压力）和员工家庭（家庭满意感、亲子关系、情绪耗竭）产生影响。本书将对中国在美投资企业和美国在华投资企业进行焦点访谈、问卷调查研究与实证分析，对理论模型进行应用和解释，并加以修正与运用，为后续进行跨案例研究打下前期调研基础。

5.2.4 解释跨文化条件下工作-家庭氛围及其变量关系存在的差异

通过不同类型企业的跨案例比较研究，营造积极的支持创新行为的双向支持工作-家庭氛围，促进组织和员工的双赢发展。本书在问卷调查的基础上，筛选有代表性的企业，从调查的企业中选择典型的企业进行再次跟踪问卷调查和实地访谈，并进行跨案例比较研究，进一步检验和调整理论模型结构和变量关系，补充和完善理论模型的检验，并从传统伦理视角的差异，对这些结论加以解释，以服务于我国建设创新型国家和培养创新型人才。

6 实证研究

6.1 中国文化背景下工作-家庭氛围对工作-家庭冲突和满意感的影响

知识员工由于有着较高的个人素质和较强的自主性，能给组织贡献高价值的创造性劳动，因而有着较高的自我实现愿望；但是知识员工的劳动过程往往难以监控，创造的成果难以简单量化，给企业管理提出了挑战。彼得·德鲁克指出，由知识和知识员工所创造的生产力，虽不是竞争成功的唯一要素，但却是最持久的决定因素。知识员工的创新行为是组织发展与创新的核心源泉，也是获得个人成就感和家庭幸福感的内在动力，然而他们承受着工作压力、学习与创新的压力、人际关系压力等。随着经济全球化和信息技术的广泛使用，工作与家庭的边界跨越日趋严重，给员工造成了更高的工作-家庭冲突，如何营造良好的工作-家庭氛围，缓解压力与冲突，提升满意感，实现组织与员工双赢发展至关重要。个人-环境匹配理论认为：员工在家庭中面临与配偶、子女、父母、朋友的边界互动，在工作中面临与上司、下属、客户、同行的边界互动（Kreiner，2006），只有营造双向支持的工作-家庭氛围，才能缓解工作-家庭冲突（Kossek et al.，2011），提升员工的工作-家庭满意感。

6.1.1 工作-家庭氛围的基本内涵

Climate 在柯林斯英汉双解大辞典中解释为：气候、氛围、形势等。早期主要研究"组织氛围（organizational climate）"，即个体认知图式中相同或相似的部分，这种知觉决定着个体的动机和行为，并随着环境刺激的不同而发生变化（Litwin，Stringer，1968）。学者们认为探究组织氛围能够有效地理解组织成员的态度与行为，进而预测个体和组织的绩效，从 20 世纪 80 年代起，对组织氛围研究的重点转向特定的氛围类型，如心理氛围、工作氛围、团队氛围、安全氛围、伦理氛围、创新氛围、工作-家庭氛围等。工作-家庭氛围（work-family climate）是人们对工作-家庭支持程度的感知：一方面指在工作环境中，员工对组织管理者支持家庭需求的感知；另一方面指在家庭环境中，员工对家庭成员支持工作需求的感知。Kossek、Colquitt 和 Noe（2001）在研究工作-家庭氛围对家庭照顾责任决策的影响时认为，工作-家庭氛围包括家庭中的工作氛围（关注工作的氛围、牺牲工作的氛围）和工作中的家庭氛围（关注家庭的氛围、牺牲家庭的氛围）。而 O'Neill 等在研究工作-家庭氛围对员工的组织承诺与离职意向的影响时，采用组织的时间期望、职业后果、管理支持三个维度来测量组织支持性工作-家庭氛围。

6.1.2　工作-家庭氛围对工作-家庭冲突的影响

Netemeyer、Boles 和 McMurrian（1996）研究认为工作-家庭冲突有两种方向，工作-家庭冲突（work-family conflict，WFC）和家庭-工作冲突（family-work conflict，FWC），这是两个相互独立的亚维度，并发现二者都与工作紧张度、离职意向等相关；工作-家庭冲突与工作小时数正相关，家庭-工作冲突与家庭的孩子数量正相关。张勉、李海、魏均、杨百寅（2011）也验证了家庭-工作冲突对工作（工作满意感、留职意向、组织承诺）具有显著的负向影响，工作-家庭冲突对生活（生活满意感）具有显著的负向影响。目前，在工作-家庭边界跨越条件下，不同类型的工作-家庭氛围会产生什么效应呢？

工作-家庭边界问题经历了从工业革命时期把工作从家庭中分离出来，到为缓解边界分割后导致的冲突，逐渐谋求工作-家庭平衡，再到信息时代开始促进工作-家庭融合的变化。导致工作-家庭冲突的原因有很多，但在经济全球化和信息技术广泛应用的条件下，工作-家庭的跨边界冲突最为明显。Clark（2000）的工作-家庭边界理论（work-family border theory）认为，工作和家庭有各自的边界，包括物理边界、世俗边界、心理边界等，人们在这些边界的转移中跨越，游走和徘徊在边界分割与融合之间。Kreiner、Hollensbe 和 Sheep（2009）根据个人-环境匹配理论，即如果个人与环境的变量相互匹配（协调），将会产生积极的结果，如满意感、积极情感；如果不匹配（协调），将会产生消极的结果，如紧张和冲突感（Kulka，1979）。个人的工作-家庭边界偏好和环境的工作-家庭边界影响是导致个人-环境边界失调的因素；工作-家庭边界失调的环境影响因素主要包括家庭成员、上级、下级、客户等，边界失调会导致"边界违背"，也就是特定情景中施者与受者关系中不恰当的行为，包括侵入违背，即一个人渴望分割，却遭遇强烈的融合，以及疏远违背，即一个人渴望融合，却被迫遭遇强烈的分割。当边界违背的强度增加时，会导致更严重的工作-家庭冲突（Kreiner et al.，2009）。Kossek 等（2001）研究发现：家庭中"牺牲工作的氛围"对工作-家庭冲突和家庭-工作冲突都有正向影响；工作中"牺牲家庭的氛围"对工作-家庭冲突和家庭-工作冲突都有正向影响。O'Neill 等（2009）发现经理支持员工平衡工作-家庭责任的氛围与员工离职倾向负相关，而与员工组织承诺正相关，表明支持性工作-家庭氛围对缓解员工工作-家庭冲突有积极的影响。因此提出如下假设：

假设6-1a：工作中"关注家庭的氛围"将缓解工作-家庭冲突和家庭-工作冲突；

假设6-1b：工作中"牺牲家庭的氛围"将加剧工作-家庭冲突和家庭-工作冲突；

假设6-1c：家庭中"关注工作的氛围"将缓解工作-家庭冲突和家庭-工作冲突；

假设6-1d：家庭中"牺牲工作的氛围"将加剧工作-家庭冲突和家庭-工作冲突。

由于以往的文献大量研究了工作-家庭冲突跟许多其他变量的关系，本书明确了工作-家庭氛围与工作-家庭冲突及家庭-工作冲突的关系后，有利于继续探讨工作-家庭氛围与其他变量关系的推断，对理论和实践研究将有比较重要的贡献。

6.1.3　工作-家庭氛围对工作满意感的影响

工作-家庭氛围关注个体在工作和家庭之间发生正向迁移的过程（积极溢出），同时也关注在个体和系统两个水平上的积极改变（增益和助长），如个体通过工作给自己带来更高的成就感，同时也给整个家庭带来积极的改变（如家庭生活水平提高，关系更加和睦等）。按照 Greenhaus 和 Powell（2006）的工作-家庭增益理论，增益是指个体在某一领域取得的角色绩效有利于个体在其他领域的表现，增益不仅包含个体参与某一角色活动所获得的情感、价值、技能等资源可转移到参与其他角色上，而且还包含个体可以通过发挥这些资源的效能来提升其他角色活动的绩效。有三种方式可以在多种角色之间产生积极的结果：第一，工作经验和家庭经验可以对人们的幸福产生附加效果，有利于提升幸福感，让人们感知到高质量的生活，多种角色的经验和满意感远远大于一种角色带来的效果；第二，参与工作和生活的多个角色可以缓解一种角色带来的消极影响；第三，一种角色的经验可以对另一种角色产生积极的效果。Wayne、Grzywacz 和 Carlson（2007）研究了工作-家庭增益的六个维度模型，即工作对家庭增益的资源维度：发展性资源（技术、知识、价值观等）、情感资源（心情、态度、信心等）、物质资源（经济、社会、健康等），以及家庭对工作增益的维度：发展、情感、效能，可见工作与家庭之间存在相互助益的内在联系。为使工作-家庭关系从相互冲突走向双向积极溢出，需建立双向支持的工作-家庭氛围。

Kossek 等（2011）研究了组织支持和上司支持对下属工作-家庭冲突的影响，组织必须有专门针对工作-家庭冲突的支持才会对员工产生积极影响，如组织提供的家庭友好计划、上司提供的直接资源、组织营造的不牺牲家庭的氛围等，才能缓解员工的压力和冲突。Michel（2012）以大学教授为样本，研究了工作-家庭冲突和工作-家庭丰富之间的关系。结果表明，工作-家庭冲突与工作-家庭丰富负相关，家庭-工作丰富与家庭-工作促进负相关，只有当冲突减少到一定程度时，丰富才会增加，才能提升工作满意感和组织承诺。Kirby 等（2004）也发现，要在家庭中获得家人和朋友的支持、在工作中获得上司和同事的支持，才能有效地平衡工作-家庭-学习的关系。张丽俐（2010）也认为知识员工将家庭幸福感带到工作中，有利于更好地协调组织中人际关系，才会有更大的责任心去自觉承担组织要求以外的工作，可见促进工作-生活平衡需要来自工作和家庭的双向支持。因此提出如下假设：

假设 6-2a：工作中"关注家庭的氛围"会提升员工的工作满意感；
假设 6-2b：工作中"牺牲家庭的氛围"会降低员工的工作满意感；
假设 6-2c：家庭中"关注工作的氛围"会提升员工的工作满意感；
假设 6-2d：家庭中"牺牲工作的氛围"会降低员工的工作满意感。

6.1.4　工作-家庭氛围对家庭满意感的影响

家庭满意感与幸福感密切相关，Kossek 等（2001）研究发现，家庭中"关注工作的氛围"对幸福感有正向影响；家庭中"牺牲工作的氛围"对幸福感有负向影响；工作中"关注家庭的氛围"对幸福感有正向影响；工作中"牺牲家庭的氛围"对幸福感有负向影响。工作中"关注家庭的氛围"有利于改善婚姻满意感和增加角色间积极溢出，员工越认同家庭，越有可能在家庭中投入时间、精力和情感，这些与婚姻满意感与亲子关系质量有密切的关系。家庭中"关注工作的氛围"对照顾责任与幸福感有正向调节作用，对工作-家庭冲突有负向调节作用；家庭中"牺牲工作的氛围"对照顾责任与幸福感有负向调节作用，对工作-家庭冲突有正向调节作用。张勉等（2011）研究也发现，工作-家庭冲突负向影响员工的生活满意感。Halbesleben 等（2010）的研究认为，工作-家庭边界融合后，配偶可以给员工提供工具性支持和情感性支持，以缓解员工的工作压力和情绪耗竭；配偶的支持也需要专门的策略，如果配偶与员工处于边界分割的状态：既不是同类的职业，也不处于同样的工作场所，这时配偶适合给员工提供情感性支持；如果配偶与员工处于边界融合的状态：或是同类的职业，或处于同样的工作场所，这时配偶适合给员工提供工具性支持，能缓解员工情绪耗竭、提升幸福感。因此提出如下假设：

假设 6-3a：工作中"关注家庭的氛围"会提升家庭的满意感；

假设 6-3b：工作中"牺牲家庭的氛围"会降低家庭的满意感；

假设 6-3c：家庭中"关注工作的氛围"会提升家庭的满意感；

假设 6-3d：家庭中"牺牲家庭的氛围"会降低家庭的满意感。

6.1.5 研究设计

6.1.5.1 研究样本

笔者先后对中国建筑西南设计研究院，四川东方汽轮机有限公司，四川大学 MBA 班脱产班、周末班、晚班、EDP 班，电子科技大学自贡 MBA 班、长虹 MBA 班等发放了调查问卷，收回有效问卷共计 775 份。其中，性别：男性占 69.5%；女性占 30.5%。婚姻状况：未婚占 29.2%；已婚占 65.5%；离异占 5.3%。年龄：25 岁以下占 7.0%；25～35 岁占 68.5%；36～45 岁占 16.9%；46～55 岁占 4.8%；55 岁以上占 2.8%。工龄：1 年以下占 8.9%；1～5 年占 37.9%；6～10 年占 26.8%；11～15 年占 10.9%；15 年以上占 15.5%。工作岗位：管理与行政占 32.8%；专业与技术占 40.9%；市场与销售占 8.1%；文书与助理占 3%；服务占 3.1%；生产与维护占 6.9%；教育占 5.2%。教育背景：高中以下 0.5%；高中占 1.8%；大专占 11.6%；本科占 52.4%；硕士占 30.6%；博士占 1.0%；其他占 2.1%，样本概况如表 6.1 所示。

表 6.1　样本概况

变量名称	人数	占比/%	变量名称	人数	占比/%
性别： 男 女	 539 236	 69.5 30.5	婚姻状况： 未婚 已婚 离异	 226 508 41	 29.2 65.5 5.3
年龄： 25 岁以下 25～35 岁 36～45 岁 46～55 岁 55 岁以上	 54 531 131 37 22	 7.0 68.5 16.9 4.8 2.8	工龄： 1 年以下 1～5 年 6～10 年 11～15 年 15 年以上	 68 294 208 85 120	 8.8 37.9 26.8 11.0 15.5
工作岗位： 管理与行政 专业与技术 市场与销售 文书与助理 服务 生产与维护 教育	 254 317 63 23 24 54 40	 32.8 40.9 8.1 3.0 3.1 6.9 5.2	教育背景： 高中以下 高中 大专 本科 硕士 博士 其他	 4 14 90 406 237 8 16	 0.5 1.8 11.6 52.4 30.6 1.0 2.1

6.1.5.2　测量工具

本书采用了西方研究文献中的成熟量表，并进行了翻译-回译过程，所有潜变量采用 7 级 Likert 度量。问卷采用李克特量表法赋值为"1、2、3、4、5、6、7"，用来反映知识员工对工作、家庭氛围的态度，1 表示非常反对，7 表示非常赞成。

工作-家庭氛围。由 Kossek、Colquitt 和 Noe（2001）编制的量表进行测量，家庭中有"关注工作的氛围"和"牺牲工作的氛围"两种，工作中也有"关注家庭的氛围"和"牺牲家庭的氛围"两种。

工作-家庭冲突、家庭-工作冲突。由 Netemeyer、Boles 和 McMurrian（1996）编制的量表进行测量，这两个维度相互独立，应直接测量冲突本身，而非测量冲突的结果。

工作满意感。由 Tsui、Egan 和 O'Reilly（1992）编制的工作满意度指数测量。该量表分别对工作自身、管理者、同事、报酬、晋升机会和整体工作的情况进行评估。

家庭满意感。由 Carver 和 Jones（1992）编制的家庭满意感量表进行测量，该量表共 20 个条目。

6.1.5.3　各变量的信度和效度检验

本书首先对所有问题进行了条目分析（item analysis），结果发现，每个条目的高分段和低分段均有显著差异。本书采用 Cronbach's α 系数法验证各量表的内部一致性信度（见表 6.2），各量表的 Cronbach's α 系数均在 0.65 以上，说明各量表具有较好的信度。

我们利用 Amos 进行验证性因子分析（CFA），验证各量表的结构效度，结果表明问卷中各个概念具有独立性。整体拟合优度指标主要有：χ^2/df、RMSEA、GFI、NFI、IFI、NNFI、CFI 等。在绝对适配指标中：χ^2/df 小于 5 表示模型可以接受，小于 2 表示拟合得非常好；RMSEA 的变化区间为 0 到 1，但越接近于 0 越好，临界值为 0.08，小于 0.05 表示拟合得非常好；GFI 的变化区间为 0 到 1，临界值为 0.9，大于或接近于 0.9 表示有良好的适配度。在相对指标中：CFI、NNFI、IFI、NFI 等拟合指数的变化区间为 0 到 1，越接近于 1 表示拟合得越好，临界值为 0.9，大于 0.9 表示拟合得很好。

表 6.2　验证性因子分析结果（$N=775$）

量表名称	Cronbach's α 系数	标准化负荷系数（η）	χ^2/df	RMSEA	GFI	NFI	IFI	NNFI（TLI）	CFI
工作-家庭氛围	0.65~0.87	0.45~0.81	2.862	0.049	0.974	0.957	0.972	0.956	0.971
工作-家庭冲突	0.90~0.91	0.72~0.88	3.263	0.054	0.977	0.984	0.989	0.982	0.989
工作满意感	0.88	0.66~0.75	5.501	0.076	0.991	0.991	0.992	0.971	0.992
家庭满意感	0.72~0.83	0.54~0.75	3.124	0.052	0.970	0.953	0.967	0.956	0.967

从表 6.2 中可见，各量表条目的标准化负荷系数都在 0.4 以上；χ^2/df 指标中，除工作满意感略大于 5 之外，其他指标都非常好；各量表的绝大部分拟合优度指标都表现出较好的拟合度，说明各量表都具有较好的结构效度。

6.1.5.4　主要变量的描述性统计和相关性分析

本书使用 SPSS 软件对变量进行分析，各变量的均值、方差和相关系数如表 6.3 所示。

表 6.3　各变量的均值、方差和相关系数（$N=775$）

变量	均值	方差	1	2	3	4	5	6	7	8
1. 关注家庭的氛围	4.815	1.465	(0.68)							
2. 牺牲家庭的氛围	3.741	1.383	0.066	(0.75)						
3. 关注工作的氛围	5.095	1.212	0.394**	0.042	(0.87)					

变量	均值	方差	1	2	3	4	5	6	7	8
4. 牺牲工作的氛围	4.256	1.400	0.107**	0.240**	0.108**	(0.65)				
5. 工作满意感	4.759	1.091	0.157**	0.172**	0.229**	0.037	(0.88)			
6. 家庭满意感	5.786	0.959	0.260**	−0.084*	0.378**	0.055	0.283**	(0.83)		
7. 工作-家庭冲突	4.243	1.522	−0.003	0.212**	−0.059	0.178**	−0.052	0.011	(0.91)	
8. 家庭-工作冲突	2.967	1.430	−0.046	0.313**	−0.107**	0.253**	−0.009	−0.321**	0.382**	(0.90)

注：*** 表示在0.001水平上显著（双侧）；** 表示在0.01水平上显著（双侧）；* 表示在0.05水平上显著（双侧）。括号内为α信度系数。

可以看出，"关注工作的氛围"和"关注家庭的氛围"都与工作满意感、家庭满意感正相关；"牺牲家庭的氛围"和"牺牲工作的氛围"都与工作-家庭冲突、家庭-工作冲突正相关，这为后续研究奠定了基础。

6.1.6　中国文化背景下工作-家庭氛围的复杂性

表6.4展示了调查样本中男性与女性的工作-家庭氛围及其独立样本 t 检验结果，表格由539个男性样本和236个女性样本组成。从这775个样本结果来看，男性比女性在工作中会感知较高的"关注家庭的氛围"；女性比男性在工作中会感知较高的"牺牲家庭的氛围"，并且有显著的差异（ $P=0.030$ ）；男性比女性在家庭中会感知较高的"关注工作的氛围"，并且有显著的差异（ $P=0.005$ ）；女性比男性在家庭中会感知较高的"牺牲工作的氛围"。综合分析以上结果，这与中国传统文化情景下"男主外、女主内"的思想有一定关系，在中国男性有工作优先的特点，因此男性在家庭中更加关注工作；女性为家庭付出更多，因此感知工作影响了家庭。目前中国绝大多数女性都参与工作，已婚的被调查对象都属于双职工家庭，因此男性与女性共同承担家务劳动的情况比较普遍，而且目前我国许多家庭的父母也协助年轻人承担一定的家务劳动，也改善了女性对工作-家庭氛围的感知。

表6.4　工作-家庭氛围的性别差异

	性别	数量	均值	标准误	方差	P 值
关注家庭的氛围	男性	539	4.9534	1.29490	3.026	0.082
	女性	236	4.7546	1.53115		
牺牲家庭的氛围	男性	539	3.5791	1.41851	4.700	0.030
	女性	236	3.8126	1.36280		

	性别	数量	均值	标准误	方差	P 值
关注工作的氛围	男性	539	5.279 7	1.286 75	7.900	0.005
	女性	236	5.014 8	1.170 59		
牺牲工作的氛围	男性	539	4.199 2	1.695 88	0.574	0.449
	女性	236	4.282 0	1.250 71		

中国员工工作中的家庭氛围存在两种倾向：第一，在处理工作中的人际关系时，中国员工把工作关系纳入"圈子"文化，根据圈子的差序格局来处理，有师徒关系、上下级关系，同门之谊、老乡关系等，"圈内人"讲究远近亲疏，"圈外人"根据规则办事；同事和同领域的专业人士之间也属于"圈子"范畴，许多家庭问题是可以在工作中进行沟通的，同事间帮忙解决家庭紧急问题、调停家庭矛盾等司空见惯。因此，从情感倾向角度来看，工作中关注家庭的现象比较普遍。第二，张勉等（2011）认为工作优先的思想在中国员工心中根深蒂固，西方人也认为中国员工选择工作优先不仅满足了社会对家庭的期望，而且满足了个体本身职业发展的愿望（Aryee et al., 1999），因此中国员工为了满足工作需要而牺牲业余时间，放弃与家人团聚的现象比较普遍。勤劳是中华民族的传统美德，改革开放时期成长起来的一代人更愿意通过自己的努力和能力来实现人生的成功，并获得社会地位和声望。

中国传统文化中对于家庭的认知建立在家族延续、家族和谐、家族富足及家族荣誉等基础上，家庭存在的目的是封妻荫子、传宗接代、光耀门楣。张勉、魏钧、杨百寅（2009）认为中国员工的普遍观念是，工作不是一个人的事情，而是提升家庭整体利益的手段，中国传统伦理鼓励个体在社会中积极进取，争取更高的社会地位。中国人为了支持配偶学习和成长也可能承担更多家务（包括照顾子女和对方父母等），中国对这些行为采取法律保护和社会赞许的态度；特别是在改革开放后，中国实施计划生育政策，双方父母都会帮助年轻人照顾孩子，当父母身体健康时，获得的支持是不言而喻的。因此，从情感倾向角度来看，家庭中关注工作占优势地位。费孝通（1983）认为，中国父母把子女看成自我的一部分，觉得子女的成就比自己更重要，因此中国人特别看重下一代的教育，认为有好的教育才有好的未来，因此许多员工为了孩子牺牲工作的现象较普遍。在中国"百善孝为先"，孝顺父母的观念根深蒂固，赡养照顾父母是基本的道德标准，赡养老人、照顾生病和高龄的老人还是以家庭为主。中国实施计划政策后，现在许多家庭是双独生子女，由于在中国夫妻双方都要进入职场，多数是"双职工"家庭（王跃生，2006）。当独生子女双方父母的身体健康时，家庭照顾义务较少；但是当父母进入高龄阶段或者生病时，照顾父母的责任会变大，从而影响工作。中国目前仍以家庭养老为主，去敬老院可能被认为是子女"不孝"的表现。因此从角色投入角度来看，家庭牺牲工作的现象也较普遍。

6.1.7 检验结论

在研究工作-家庭氛围对工作-家庭冲突、工作满意感、家庭满意感的影响过程中，采用多元线性回归的方法：第一步，检验控制变量对结果变量的影响，研究发现在性别和年龄方面，工作-家庭冲突和家庭-工作冲突存在明显差异，但在婚姻状况和工龄等方面没有显著差异；在受教育程度和职位类型方面，工作满意感有差异，其他无显著差异。第二步，进行主效应分析，将工作-家庭氛围的四个维度作为自变量分别对因变量工作-家庭冲突、家庭-工作冲突、工作满意感、家庭满意感进行回归分析，结果如表6.5所示。

表6.5 工作-家庭氛围对工作-家庭冲突和满意感的回归分析

变量	工作-家庭冲突（β）	家庭-工作冲突（β）	工作满意感（β）	家庭满意感（β）
第一步：人口统计变量				
性别	0.132**	0.110**	−0.028	−0.039
年龄	−0.103*	−0.105*	−0.006	0.086
婚姻状况	0.023	0.053	−0.038	0.041
受教育程度	−0.099	0.021	−0.088*	0.052
职位类型	−0.072	0.099*	−0.079*	−0.068
工龄	0.074	0.047	0.027	−0.010
$\triangle F$	4.227***	3.640**	1.806	1.094
$\triangle R^2$	0.027	0.022	0.007	0.001
第二步：主效应分析				
关注家庭的氛围	0.014	−0.030	0.078*	0.018
牺牲家庭的氛围	0.179***	0.258***	0.162***	−0.101*

表6.5（续）

变量	工作-家庭冲突（β）	家庭-工作冲突（β）	工作满意感（β）	家庭满意感（β）
关注工作的氛围	−0.047	−0.114**	0.213***	−0.017
牺牲工作的氛围	0.125**	0.200***	0.018	0.030
$\triangle F$	7.126***	14.091***	8.072***	1.619
$\triangle R^2$	0.081	0.158	0.092	0.009

注：*** 表示在 0.001 水平上显著（双侧）；** 表示在 0.01 水平上显著（双侧）；* 表示在 0.05 水平上显著（双侧）。

6.1.7.1 工作-家庭氛围与工作-家庭冲突的关系验证

由表 6.5 可知，工作中"关注家庭的氛围"对工作-家庭冲突无影响，对家庭-工作冲突也无影响，假设 6-1a 未得到验证；工作中"牺牲家庭的氛围"对工作-家庭冲突有正向影响（$\beta=0.179$，$P<0.001$），对家庭-工作冲突也有正向影响（$\beta=0.258$，$P<0.001$），假设 6-1b 得到验证。家庭中"关注工作的氛围"对工作-家庭冲突无影响，而对家庭-工作冲突有负向影响（$\beta=-0.114$，$P<0.01$），假设 6-1c 得到部分验证；家庭中"牺牲工作的氛围"对工作-家庭冲突有正向影响（$\beta=0.125$，$P<0.01$），对家庭-工作冲突也有正向影响（$\beta=0.200$，$P<0.001$），假设 6-1d 得到验证。

6.1.7.2 工作-家庭氛围与工作-家庭满意感的关系验证

由表 6.5 可知，工作中"关注家庭的氛围"对工作满意感有正向影响（$\beta=0.078$，$P<0.05$），假设 6-2a 得到验证；工作中"牺牲家庭的氛围"对工作满意感有正向影响（$\beta=0.162$，$P<0.001$），假设 6-2b 未得到验证，这说明我国知识员工对工作牺牲家庭的现状也比较接受。家庭中"关注工作的氛围"对工作满意感有正向影响（$\beta=0.213$，$P<0.001$），假设 6-2c 得到验证；家庭中"牺牲工作的氛围"对工作满意感无影响，假设 6-2d 未得到验证。工作中"关注家庭的氛围"对家庭满意感无影响；工作中"牺牲家庭的氛围"对家庭满意感有负向影响（$\beta=-0.101$，$P<0.05$）；家庭中"关注工作的氛围"对家庭满意感无影响；家庭中"牺牲工作的氛围"对家庭满意感无影响；因此，假设 6-3a、6-3c、6-3d 未得到验证，假设 6-3b 得到验证。

6.1.8 中国文化背景下的工作-家庭氛围对相关变量的影响

工作中"牺牲家庭的氛围"与家庭中"牺牲工作的氛围"都对工作-家庭

冲突有正向影响，也对家庭-工作冲突有正向影响，家庭中"关注工作的氛围"对家庭-工作冲突有负向影响；这明确了工作-家庭氛围与工作-家庭冲突的关系，说明了工作-家庭氛围的重要性，也便于分析工作-家庭氛围与其他变量的关系。

6.1.8.1　工作-家庭氛围对工作相关变量的影响

工作中"关注家庭的氛围"和家庭中"关注工作的氛围"都对工作满意感有正向影响，如果员工感知到工作场所中有较高的"关注家庭的氛围"，这说明组织信任员工、关心员工的心理感受、会奖励员工的贡献。根据麦克利兰的理论，人类有成就需求、权力需求、归属需求，工作中"关注家庭的氛围"可以让员工感受到组织的支持，有利于激发知识员工积极的工作态度，有助于满足员工的内在动机，提升工作满意感。

在中国文化背景下，工作中"牺牲家庭的氛围"也能提升工作满意感，这与西方的研究有一定的差异。关于工作中"牺牲家庭的氛围"的观点有："必须花时间远离家庭来完成他们的工作""必须把家庭放在次于工作的第二位""需要把工作放在优先位置"等。究其原因，中国人的工作-生活融合程度高于西方人，认为工作和家庭无法分割，特别是作为家庭中重要经济来源的男性，"把家庭放在次于工作的第二位"常常被视为对组织忠诚的体现，中国员工具有显著的把工作放在首位的特点（张勉 等，2009），家人也把乐于牺牲家庭时间而支持员工完成工作任务作为支持员工工作的重要手段。中国员工具有以工作优先的特点，会为了工作牺牲一些家庭时间，并且男性比女性对这个感知程度更高，表明男性更以工作为中心。对于这种差异，我们也跟踪访谈了一些被调查者，主要原因有以下三个方面：第一，薪酬、晋升机会、与上司的关系、工作环境和企业声誉等是影响员工满意感的主要因素，在薪酬和晋升机会基本满意的情况下，与上司和同事的关系至关重要，为了获取领导的信任、完成领导交办的任务、获得晋升机会，他们会选择牺牲一些家庭时间；第二，目前职场的主力军中，年龄在 30~50 岁的人群多为独生子女家庭，家庭事务大多得到双方父母的支持，父母为了孩子们能够出人头地，也愿意在家务和经济上给予一定的支持，因此员工对工作中"牺牲家庭的氛围"感受不深，有些人认为只有把工作放在优先的位置，才能有个好前程；第三，中国人的家庭观是"大家族概念"，认为一个人的显达可以荣耀整个家族，一个人在工作中取得成就，家族中的人都会为之骄傲，同时也伴随着社会地位的提升以及获得更有价值的社会关系，所以家族的人支持他们在工作中表现自我、获得晋升、获得成就。西方人的家庭观是"核心家庭概念"，他们对家庭更多追求成员满意、家庭承诺、关系亲密等，更在乎与家庭成员相处的时间，以及与家庭的关系质量、亲子关系等，因此对工作中"牺牲家庭的氛围"感受较深，这也解释了为什么中国人和西方人在这方面的差异。

工作对于个体的意义，不同的文化特征有不同的看法，西方人认为工作对人们的意义有三种："工作"（job）、"职业"（career）、"使命"（calling）（Bellah R N et al., 1985）。定位"工作"的人，认为工作价值在于从中获得物质报偿；定位"职业"的人，不仅看重经济收入和成就感，而且看重职业晋升和获得权力和地位，希望赢得自尊、实现自我；定位"使命"的人，认为工作是出于内心召唤和使命追求，认为工作本身就可以带来成就和满足感。因此，定位"使命"的人，对工作本身有着内在的兴趣，有着更强的工作动机，容易在工作中体现出创造性和满足感。本书的研究中，男性比女性会更多地感知"关注家庭的氛围"和"关注工作的氛围"，这表明工作仍然是大部分人维持生活、获得社会地位的主要方式。因此中国人非常重视工作，愿意为了工作牺牲家庭，家庭成员也是理解和支持的。

6.1.8.2 工作-家庭氛围对家庭相关变量的影响

工作中"关注家庭的氛围"与家庭中"关注工作的氛围"都对家庭满意感都有着正向影响，特别是家庭中"关注工作的氛围"影响程度更高，这说明员工对支持性氛围的感知程度较高，表明家庭成员的支持和理解是非常重要的。工作中"牺牲家庭的氛围"对家庭满意感有负向影响，这说明如果在工作环境中不考虑家庭需求的因素，会影响知识员工的家庭满意感。女性对工作中"牺牲家庭的氛围"感知程度更高，因为女性往往承担着更重要的家庭责任，特别是女性承担着更重要的培育孩子和照顾老人的责任。当代中国社会的主流价值观主张女性要内外兼修、工作家庭两不误。大部分女性除在工作上努力与男性竞争外，在家庭里还要承担大部分家务劳动。虽然新中国成立后女性的地位有了较大的提高，但是中国传统伦理要求女性安守"妇德、妇言、妇容、妇功"（《礼记·天官·九嫔》），作为女性，第一重要的是品德，能正身立本；第二重要的是相貌，要端庄持礼；第三重要的是言语，要学会礼貌沟通、善解人意；第四重要的治家之道，相夫教子、尊老爱幼、勤俭持家等，这些都给职场女性提出了更大的挑战。改革开放后，虽然人们物质生活有了很大的改善，实施计划生育政策后，有些老人帮助照顾小孩，因此养育子女的家务劳动比传统意义上的家务劳动少了很多，但是女性如果在工作中付出太多，往往无法照顾好家庭，对家庭会产生歉疚感；但是女性如果在家庭中付出太多，往往在职场很难有长足发展，面临较低的"职业天花板"，导致女性在平衡工作和家庭责任方面具有很大难度。因此，女性会更多地感知"牺牲家庭的氛围"和"牺牲工作的氛围"，从而感知较高的工作-家庭冲突。因此无论从社会、组织、家庭的视角，为了实现社会和谐发展，促进女性身心健康，都有必要帮助女性员工平衡工作和家庭的责任。

6.2 工作-家庭氛围对创新行为与满意感的影响

6.2.1 问题提出

员工的创新行为是组织发展与创新的核心源泉，也是获得个人成就和家庭幸福的内在动力；在中国文化背景下，提升知识员工的创新行为，至少需要组织支持、领导支持、情感性支持、工具性支持等。但随着经济全球化发展和信息技术的广泛使用，工作-家庭边界跨越日趋严重，员工在家庭中面临与配偶、子女、父母、朋友的边界互动，在工作中面临与上司、下属、客户、同行的边界互动，导致工作与家庭出现较大的冲突。以往工作-家庭分割虽然可以降低工作-家庭冲突，但也降低了工作-家庭角色间的积极溢出；目前工作-家庭融合虽然有利于改善角色间的积极情感，却也带来了较高的角色间冲突。如何使工作-家庭关系从相互冲突走向双向积极溢出？如何营造双向支持的工作-家庭氛围，以促进契合员工的边界偏好，缓解员工工作压力与角色冲突，提升员工的创新行为？这不仅是员工自身的困境，更是组织为实现组织与员工双赢发展必须解决的难题。在跨文化背景下，中西方的传统伦理应如何调节工作-家庭氛围与创新行为的关系？中国和美国员工是否存在差异？本书将重点解决这些问题。

6.2.2 理论分析与模型构建

6.2.2.1 工作-家庭氛围对创新行为与满意感的影响

工作-家庭氛围（work-family climate）是人们对工作-家庭支持程度的感知：一方面指在工作环境中，员工对组织管理者支持家庭需求的感知；另一方面指在家庭环境中，员工对家庭成员支持工作需求的感知。Kossek 等研究家庭照顾责任中的决策问题时，发现员工的工作-家庭氛围会直接或间接影响照顾决策，该研究认为"家庭增益工作的氛围"与工作绩效、家庭绩效、幸福感正相关；"工作增益家庭的氛围"与工作绩效、幸福感等正相关。O'Neill 等在研究高层经理感知的工作-家庭氛围对员工的组织承诺与离职意向的影响时，采用组织的时间期望、职业后果、管理支持三个维度来测量组织支持性工作-家庭氛围，研究发现经理支持员工平衡工作-家庭责任与员工离职倾向负相关，而与员工组织承诺正相关，这表明支持性工作-家庭氛围对员工有积极的影响。Matheis 和 Adams 研究认为，家庭环境氛围会影响孩子的认同风格，在夫妻关系和谐的家庭中，孩子容易产生规范型的认同风格；而在父母积极参与家庭事务，善于表达情感的家庭中，孩子不容易出现规避型的认同风格。这些研究都为营造双向支持的工作-家庭氛围提供了理论依据。

Greenhausand 和 Powell 提出了工作-家庭增益理论，增益是指个体在某一领域取得的角色绩效有利于个体在其他领域的表现，不仅包含个体参与某一角色活动所获得的情感、价值、技能等资源可转移到参与其他角色上，而且还包含个体可以通过发挥这些资源的效能来提升其他角色活动的绩效。有三种方式可以在多种角色之间产生积极的结果：第一，工作经验和家庭经验可以对人们的幸福产生附加效果，有利于提升幸福感，让人们感知到高质量的生活，多种角色的经验和满意感远远大于一种角色带来的效果；第二，参与工作和生活的多个角色可以缓解一种角色带来的消极影响；第三，一种角色的经验可以对另一种角色产生积极的效果。Kossek 等研究了组织支持和上司支持对下属工作-家庭冲突的影响，组织必须有专门针对工作-家庭冲突的支持才会对员工产生积极影响，如组织提供的家庭友好计划、上司提供的直接资源、组织营造的不牺牲家庭的氛围等，才能缓解员工的压力和冲突。Halbesleben 等认为，配偶的支持也需要专门的策略，如果配偶与员工处于边界分割的状态：既不是同类的职业，也不处于同样的工作场所，这时配偶适合给员工提供情感性支持；如果配偶与员工处于边界融合的状态：或是同类的职业，或处于同样的工作场所，这时配偶适合给员工提供工具性支持，能缓解员工情绪耗竭、提升幸福感和绩效水平。Kreiner 等根据个人-环境匹配理论认为：如果个人与环境的变量相互匹配（协调），将会产生积极的结果，如满意感、积极情感、高绩效；如果不匹配（协调），将会产生消极的结果，如紧张和冲突感、低绩效等。综上所述提出如下假设：

假设 6-4：支持性工作-家庭氛围有利于提升员工的创新行为

假设 6-4a："工作增益家庭的氛围"对创新行为有正向影响；

假设 6-4b："家庭增益工作的氛围"对创新行为有正向影响；

假设 6-5：支持性工作-家庭氛围有利于提升员工的工作满意感；

假设 6-5a："工作增益家庭的氛围"对工作满意感有正向影响；

假设 6-5b："家庭增益工作的氛围"对工作满意感有正向影响；

假设6-6：支持性工作-家庭氛围有利于提升员工的家庭满意感；

假设6-6a："工作增益家庭的氛围"对家庭满意感有正向影响；

假设6-6b："家庭增益工作的氛围"对家庭满意感有正向影响。

6.2.3 研究设计与变量分析

6.2.3.1 数据采集

本书以中美大学MBA班学员和企业知识员工为调查对象，对其使用同一套问卷，具有较强的可比性。

（1）美国样本。笔者于2012年10月编制调查问卷，通过美国阿肯色大学审核后，调查问卷以英文形式在多个大学的MBA班和美国Walmart总部、Tyson foods公司和J. B. Hunt公司进行抽样调查。考虑到调查工具的国际通用性，本书选择美国通用的调查软件公司SURVEY MONEKY进行调查，它的优点是被调查者可以直接在网上进行填写，数据可获取性较好。笔者将在SURVEY MONEKY上申请的链接 https://www. surveymonkey. com/s/7LHJDCR，通过电子邮件发送给被调查对象，他们点击这个链接就可以在线填写问卷，这个调查从2012年11月持续到2013年11月下旬。最终收集有效问卷267份，其中，性别：男性占46.4%；女性占53.6%。婚姻状况：未婚占11.6%；已婚占76.1%；离异占12.3%。年龄：25岁以下占6.0%；25~35岁占34.1%；36~45岁占28.5%；46~55岁占13.9%；55岁以上占16.3%，1.2%信息缺失。任职年限：1年以下占13.4%；1~5年占26.7%；6~10年占24.5%；11~15年占21%；15年以上占14.4%。工作岗位：管理与行政占31.2%；专业与技术占31%；市场与销售占13.9%；文书与助理占6.7%；服务占4.5%；生产与维护占2.2%；教育10.5%。教育背景：高中以下占0.4%；高中占2.2%；大专占5.2%；本科占38.2%；硕士占35.6%；博士占13.9%；专业学位占4.5%。

（2）中国样本。2013年1—11月，笔者将在美国调查的问卷，经过翻译-回译等过程，翻译成中文后，先经过课题组的研讨和焦点小组讨论，再在中国建筑西南设计研究院、四川东方汽轮机有限公司、四川大学和电子科技大学各种管理培训课堂和MBA班进行抽样调查。笔者先后发放问卷1 000份，收回有效问卷775份。其中，性别：男性占69.5%；女性占30.5%。婚姻状况：未婚占29.2%；已婚占65.5%；离异占5.3%。年龄：25岁以下占7.0%；25~35岁占68.5%；36~45岁占16.9%；46~55岁占4.8%；55岁以上占0.2%，2.6%信息缺失。任职年限：1年以下占8.9%；1~5年占37.9%；6~10年占

26.8%；11~15年占10.9%；15年以上占15.5%。工作岗位：管理与行政占32.8%；专业与技术占40.9%；市场与销售占8.1%；文书与助理占3%；服务占3.1%；生产与维护占7%；教育占5.1%。教育背景：高中以下占0.5%；高中占1.8%；大专占11.8%；本科占52.4%；硕士占30.6%；博士占0.8%；专业学位占2.1%。

6.2.3.2　变量测量

本书采用西方文献中的成熟量表，经历了翻译－回译过程，所有潜变量采用7级Likert度量。问卷采用李克特量表法赋值为"1、2、3、4、5、6、7"，用来反映员工对工作－家庭氛围的态度，1表示非常反对，7表示非常赞成。

（1）工作－家庭氛围。采用Kossek等的工作－家庭氛围量表，家庭中有"家庭增益工作的氛围"，如"可分享他们对于工作的关注""可建议如何处理工作""必须花时间远离工作来完成他们家庭的事务""需把家庭放在优先位置"。工作中也有"工作增益家庭的氛围"，如"可分享他们对于家庭的关注""可建议如何处理家庭问题""必须花时间远离家庭来完成他们的工作""需把工作放在优先位置"。

（2）创新行为。采用Scott和Bruce的工作场所中的创新行为量表，该量表共6个条目，主要内容有探索创新、思想创新、拥护创新、资金支持、时间保障、实现目标。如"在技能、工艺、诀窍和/或产品方面探究新的想法""开发完善的计划和充足的日程，以实现新的创意""用发展创新性的方法来实现目标/任务"等。

（3）工作满意感。采用Tsui等的工作满意度量表，共6个条目。该量表分别对工作自身、管理者、同事、报酬、晋升机会和整体工作的情况进行评估，如"你对所从事工作的性质的满意度如何？""你对上司的满意度如何？""你对自己报酬的满意度如何？""你对这个组织中晋升机会的满意度如何？"等。

（4）家庭满意感。采用Carver和Jones的家庭满意感量表，该量表共20个条目，主要有成员满意感、喜爱和接受、一致性和公平性、家庭承诺感等维度。根据本书研究的需要，此处采用家庭成员满意感维度，如"我愿意为我的家庭成员做任何事情""我与家人分享思想和理念时，我感到非常安全""我的家庭总是相信我"等。

6.2.3.3　变量的信度和效度检验

本书首先对所有问题进行了条目分析（item analysis），结论是每个条目的高分段和低分段都有显著差异。本书采用Cronbach's α系数法验证中国样本、美国样本各量表的内部一致性信度（见表6.6、表6.7），各量表的 Cronbach's α 系数均在 0.65 以上，说明各量表具有较好的信度。

本书利用 Amos 进行验证性因子分析（CFA），验证各量表的结构效度，结果表明问卷中各个概念具有独立性。根据温忠麟和侯杰泰的推荐，在整体拟合优度指标方面，选择 x^2/df、RMSEA、NFI、IFI、NNFI（TLI）、CFI 等拟合指标。在绝对适配指标中：x^2/df 小于 5 表示模型可以接受，小于 2 表示拟合得非常好；RMSEA 的变化区间为 0 到 1，但越接近于 0 越好，临界值为 0.08，小于 0.05 表示拟合得非常好；GFI 变化区间为 0 到 1，临界值为 0.9，大于或接近于 0.9 表示有良好的适配度。在相对指标中：CFI、NNFI（TLI）、IFI、NFI 等拟合指数的变化区间为 0 到 1，但越接近于 1 表示拟合得越好，临界值为 0.9；大于 0.9 表示拟合得很好。

表6.6   中国样本验证性因子分析结果（ N=775 ）

量表名称	Cronbach's α	标准化负荷系数（ η ）	x^2/df	RMSEA	NFI	IFI	TLI	CFI
工作-家庭氛围	0.65~0.87	0.45~0.81	2.862	0.049	0.957	0.972	0.956	0.971
创新行为	0.91	0.71~0.86	2.860	0.049	0.994	0.996	0.988	0.996
工作满意感	0.87	0.66~0.75	5.501	0.076	0.991	0.992	0.971	0.992
家庭满意感	0.72~0.83	0.54~0.75	3.124	0.052	0.953	0.967	0.956	0.967

资料来源：作者利用 AMOS 软件计算得到。下同。

表6.7   美国样本验证性因子分析结果（ N=267 ）

量表名称	Cronbach's α	标准化负荷系数（ η ）	x^2/df	RMSEA	NFI	IFI	TLI	CFI
工作-家庭氛围	0.70~0.90	0.50~0.87	4.503	0.092	0.902	0.922	0.878	0.921
创新行为	0.83	0.68~0.81	1.660	0.5	0.989	0.995	0.986	0.995
工作满意感	0.86	0.61~0.88	3.509	0.097	0.964	0.974	0.951	0.974
家庭满意感	0.81~0.83	0.45~0.89	3.880	0.084	0.911	0.932	0.892	0.931

从表6.6和表6.7中可见，各量表条目的标准化负荷系数都在 0.4 以上，x^2/df 指标中，除工作满意感略大于 5 之外，其他指标都非常好；各量表的绝大部分拟合优度指标都表现出较好的拟合度，说明各量表都具有较好的结构效度。

6.2.3.4 共同方法偏差

共同方法偏差（common method biases）是指因为同样的数据来源或评分者、同样的测量环境、项目语境以及项目本身特征所造成的变量之间的人为共变。由于问卷对工作-家庭氛围、创新行为、工作满意感、家庭满意感等变量采用自我报告形式进行调查，本书采用问卷信息隐匿法，尽可能提前采取预防共同方法偏差的措施。本书将问卷中所有条目放在一起做因子分析，不进行旋转的第一个主成分就是 CMV（同源误差）的量，如果这个数不是占大多数，那么同源误差的情况就不足以影响到研究结论：经检验，中国的样本数据中第一个主成分的量是 17.299%，美国的样本数据中第一个主成分的量是 17.856%，因此都不会因为同源误差的情况影响研究结论。

6.2.3.5　主要变量的描述性统计和相关性分析

对变量的描述性统计和相关性分析，使用的是 SPSS 统计分析软件，表 6.8 和表 6.9 展示了各变量的均值、方差和相关系数。

表 6.8　中国数据的均值、方差和相关系数（$N = 775$）

变量	均值	方差	1	2	3	4	5	6	7
工作增益家庭的氛围	4.815	1.465	(0.681)						
家庭增益工作的氛围	5.095	1.212	0.394**	(0.870)					
创新行为	5.450	1.098	0.251**	0.423**	(0.910)				
工作满意感	4.759	1.091	0.157**	0.229**	0.292**	(0.871)			
家庭满意感	5.786	0.959	0.260**	0.378**	0.474**	0.283**	(0.830)		

注：*** 表示在 0.001 水平上显著（双侧）；** 表示在 0.01 水平上显著（双侧）；* 表示在 0.05 水平上显著（双侧）。括号内为 α 信度系数。

表 6.9　美国数据的均值、方差和相关系数（$N = 267$）

变量	均值	方差	1	2	3	4	5	6	7
工作增益家庭的氛围	5.129	1.201	(0.892)						
家庭增益工作的氛围	5.596	1.053	0.471**	(0.900)					
创新行为	4.994	1.015	0.182**	0.210**	(0.831)				
工作满意感	4.890	1.055	0.300**	0.350**	0.210**	(0.860)			
家庭满意感	5.296	1.000	0.315**	0.428**	0.187**	0.421**	(0.810)		

注：*** 表示在 0.001 水平上显著（双侧）；** 表示在 0.01 水平上显著（双侧）；* 表示在 0.05 水平上显著（双侧）。括号内为 α 信度系数。

6.2.4　数据比较与分析结果

对变量采用层级回归的方法进行检验：第一层，检验控制变量（性别、年龄、婚姻状况、任职期限）对结果变量的影响；第二层，自变量和调节变量的主效应分析：将工作-家庭氛围各维度作为自变量分别对结果变量进行回归分析，结果如表 6.10 所示。

表 6.10　工作-家庭氛围对创新行为与满意感影响的层级回归结果

变量	创新行为（β）		工作满意感（β）		成员满意感（β）	
	中国样本	美国样本	中国样本	美国样本	中国样本	美国样本
性别	0.078	0.099	−0.021	0.086	0.005	−0.043
年龄	−0.018	−0.174	−0.040	0.064	0.080	−0.030
婚姻状况	0.015	0.091	−0.026	−0.045	0.046	−0.145 *
任职期限	0.019	0.061	−0.053	0.012	−0.056	0.177
工作增益家庭的氛围	0.119 *	0.195 *	0.058	0.219 **	0.134 ***	0.064
家庭增益工作的氛围	0.327 ***	−0.008	0.170 ***	0.067	0.254 ***	0.255 ***
△F	11.711 ***	3.413 **	8.148 ***	3.699 ***	8.225 ***	8.700 **
△R²	0.258	0.147	0.163	0.188	0.226	0.301

注：*** 表示在 0.001 水平上显著（双侧）；** 表示在 0.01 水平上显著（双侧）；* 表示在 0.05 水平上显著（双侧）。

6.2.4.1　中国样本

（1）对创新行为的影响。

工作增益家庭的氛围对创新行为有显著的正向影响（$\beta = 0.119$，$P < 0.05$），假设 6-4a 得到验证。家庭增益工作的氛围对创新行为有显著的正向影响（$\beta = 0.327$，$P < 0.001$），假设 6-4b 得到验证。

（2）对工作满意感的影响。

工作增益家庭的氛围对工作满意感无显著影响，假设 6-5a 未得到验证。家庭增益工作的氛围对工作满意感有显著的正向影响（$\beta = 0.170$，$P < 0.001$），假设 6-5b 得到验证。

（3）对家庭满意感的影响。

工作增益家庭的氛围对家庭满意感有显著的正向影响（$\beta = 0.134$，$P < 0.001$），假设 6-6a 得到验证。家庭增益工作的氛围对家庭满意感有显著的正向影响（$\beta = 0.254$，$P < 0.001$），假设 6-6b 得到验证。

6.2.4.2　美国样本

（1）对创新行为的影响。

工作增益家庭的氛围对创新行为有显著的正向影响（$\beta = 0.195$，$P < 0.05$），假设 6-4a 得到验证。家庭增益工作的氛围对创新行为无显著影响，假设 6-4b 未得到验证。

（2）对工作满意感的影响。

工作增益家庭的氛围对工作满意感有显著的正向影响（$\beta = 0.219$，$P < 0.01$），假设 6-5a 得到验证。家庭增益工作的氛围对工作满意感无显著影响，

假设 6-5b 未得到验证。

（3）对家庭满意感的影响。

工作增益家庭的氛围对家庭满意感无显著和，假设 6-6a 未得到验证。家庭增益工作的氛围对家庭满意感有显著的正向影响（ $\beta = 0.255$ ， $P < 0.001$ ），假设 6-6b 得到验证。

6.2.5 研究结论与文化解释

工作与家庭的支持资源既有冲突，也有增益，因此不同的工作-家庭氛围会产生不同的效果。

工作-家庭氛围产生的直接影响方面，中国和美国样本结论一致的有："工作增益家庭的氛围"都对创新行为有正向影响；"家庭增益工作的氛围"都对家庭满意感有正向影响。结论不一致有："工作增益家庭的氛围"提升了中国员工的家庭满意感，却提升了美国员工的工作满意感；"家庭增益工作的氛围"提升了中国员工的创新行为和工作满意感，对美国员工却没有影响。作者认为原因如下：

中国传统伦理的忠孝之道是影响中国人工作-家庭冲突最为相关的文化特征，要求做到"忠孝双全"，并且把"正心、修身、齐家、治国、平天下"作为人生理想，这可以解释中国人为什么重视工作，西方人 Bond 和 Hwang 与中国人张勉等都证明了中国人有工作优先的价值观。在中国，人们为了家庭的幸福而努力工作，工作应为家庭带来幸福而不是与家庭竞争，在中国额外的加班是个人为了家庭幸福和家庭的长远利益而做出的一种自我牺牲。

受西方传统伦理的影响，美国人的职业意味着个人的抱负和成就，他们相信教育和努力工作才是成功的源泉。美国人更倾向于把工作和满意度以及兴趣联系起来，他们认为工作可以带给他们实现自我的感觉，强调通过工作实现个人成就。因此在美国，花在工作上的时间通常被视为实现个人抱负而不是为了家庭的幸福。美国人往往把个人需求和家庭需求区分开来，认为工作和家庭是相互竞争和分割的，满足一方需求就需要以牺牲另一方需求为代价。对于美国人来说，一个好的家庭成员是不应该让工作干扰家庭的，否则会引起家庭成员的不满；美国许多文献表明，家庭与工作的冲突显著影响着员工的生活满意感、婚姻满意感和家庭满意感。这就解释了为什么中美不同的工作-家庭氛围产生的满意感存在差异。

6.2.6 理论创新与实践启示

6.2.6.1 管理理论创新

（1）本书首次用中美样本证明了支持性工作-家庭氛围对创新行为的积极作用。以往工作-家庭氛围的研究主要集中于对工作满意感、留职意向、家庭满意感、工作-家庭冲突等的影响方面，而本书分析了支持性工作-家庭氛围对创新行为的影响，这是一个直接与行为和绩效相关的变量，突破了以往仅限于工作-家庭领域的局限，并证明无论是在中国还是在美国，"工作增益家庭的氛围"和"家庭增益工作的氛围"都有利于提升员工的创新行为，这极大地丰富了工作-家庭氛围领域的研究。

（2）本书首次进行了工作-家庭氛围、创新行为和传统伦理的跨文化比较研究。本书从不同的视角（中国员工如何看待中国传统伦理、中国员工如何看待西方传统伦理、美国员工如何看待中国传统伦理、美国员工如何看待西方传统伦理）对工作-家庭氛围、创新行为和传统伦理进行了跨文化的研究与测量，这种跨文化比较模式，有利于分析在中西方文化激荡条件下，如何促进中国和美国的企业创新管理实践，更有利于产生让人信服的研究结论和学术贡献。

6.2.6.2 人力资源管理实践启示

我国知识员工有工作优先的特征，东方人虽然有较强的家庭导向，但是努力工作既是满足家庭需求和追求成功的主要手段，也是承担工作、家庭、自我等角色责任的表现。但是笔者调研时也发现存在"淡化星期天""忘记节假日""工作倒计时"等标语，部分工作场所忽视了员工的身心健康和家庭需求。因此，企业管理者有必要给知识员工提供支持性的工作-家庭氛围，提供较为自由的工作时间、家庭友好政策，以营造工作增益家庭的氛围，这不仅有利于提高员工的满意感，还有利于提升知识员工的创新行为和绩效。

（1）全球化背景下的"双融管理"战略。

在经济全球化背景下，组织更加依赖知识员工的创新，然而知识员工的创新行为不只体现在技术领域，经营管理的各层面都有创新，如经营模式、人才引用、交流方法等。Chen 和 Miller 认为目前企业管理经历了信息化、全球化的深度融合，特别是中国经济的和平崛起；世界范围内的企业管理已经从以前的"西方领导东方"变成了"西方遇到东方"。随着中国经济的和平崛起，特别是中国推行"一带一路"建设，亚洲基础设施投资银行的建设等，使得中国在国际舞台越来越拥有话语权，世界的发展越来越离不开中国，中国也将为世界发展做出更大的贡献。这就要求中国的企业管理者应该以更广阔的胸怀，更加包容的理念，更加建设性地整合一些看似对立的概念：东方与西方、国际与本土、盈利与非盈利、高科技和制造业等，采取"双融管理（ambicultural management）"理念，摒弃"非此即彼"，追求"亦此亦彼"，在两种文化之间建立桥梁，"取其精华，去其糟粕"，吸收两种文化的优势，扬弃各自的劣势，并应用在中西方企业管理中。随着中国企业更加走向世界，新一代的员工只有融合东西方文化，兼容合作与竞争，平衡社会利益与私人利益、人际信任与法律关系、团队合作与个人成就，才有利于促进员工的创新行为，提升中国企业的持续竞争力。

（2）组织要为员工提供支持性工作-家庭氛围。

刘玉新和张建卫研究认为，组织提供文化友好、政策友好、上司友好等政策有利于缓解员工的工作-家庭冲突。企业可以提供家庭友好政策，实施各种弹性工作方式，使工作-家庭的边界更加友好、容易渗透，这不仅有利于物理边界渗透，更有利于情感边界渗透，从而帮助员工兼顾工作-家庭责任，提升员工创新绩效。领导支持、充分授权、激发创新灵感、经验分享等都有利于提升员工的留职意向和对组织的忠诚度，有利于提升员工的创造力和激发创新性思维，因此组织提供支持的人文环境、福利待遇，领导给予精神上的支持和鼓励，给予自由的时间和空间等对员工提升工作满意感、创新行为和绩效有着积极的意义。

（3）家庭成员要支持知识员工的工作和成长。

家庭成员的工具性支持和情感性支持，积极营造家庭增益工作的氛围，给予员工精神支持、鼓励、创新思维启发，分担家务等有利于员工缓解工作-家庭冲突、并提升他们的留职意向。家庭成员的支持，还有利于提升员工的积极情绪，促进员工工作投入，这对于员工提升幸福感，提升绩效和创新行为都有积极的影响。因此家庭成员要关心员工的工作和成长，员工在工作中获得成就和晋升，也有利于承担更多的家庭责任，给家庭更好的经济支持，这对于提升家庭的整体幸福感有着积极的作用。

（4）知识员工应树立全面发展的终极价值观。

人的自由全面发展，是人类发展的终极价值。马克思在想象未来人们的工作时认为：上午狩猎、下午钓鱼，晚上讨论哲学，工作不再是生活必须……阿马蒂亚·森也认为，财富和收入固然是人们追求的目标，但他们毕竟属于工具性范畴，人类社会最高的价值标准是把以人为本作为发展的自由。这种自由不仅意味着人们具有选择生产和生活方式的机会，而且还涉及这种选择的过程，因此知识员工需要从新的视角理解"工作意义"，幸福的人生是知识员工追求的终极目标，我们工作不过是在追求幸福，在遵循美德的基础上，通过自身优势创造出的生活才是真实的幸福。因此要鼓励员工在工作中追求自我实现，激励员工的内在动机，探索和追寻工作的意义和责任感，而不仅仅满足于外在激励，如增加薪酬和福利。由于知识员工都有自己的专长，因此他们更应该将工作定位于"事业"和"使命"，在工作中获得成就感，实现自我，并从工作本身找到内在的兴趣，对工作给予积极的关注和探索，不断加强和提升自身的专业素养和文化底蕴，拓宽创新思维和开发创新精神，在工作中成就自我并对社会做出积极的贡献，这才是提高知识员工创新行为的必然途径。

（5）知识员工要找到适应自身的边界管理策略。

当前工作-家庭氛围出现了许多新特点：由于 IT 技术、通信网络、手机等的使用，知识员工更容易融合他们工作领域和家庭领域的角色，这必然导致角色边界的模糊。一方面可能导致两个领域的角色相互干扰和产生冲突，另一方面，也促使了工作-家庭积极效果的有益传递，比如价值、技能和行为等。由于工作的边界力量强于家庭的边界力量，因此人们体验更多的是工作渗透入家庭，情感渗透的方式主要就是"增益"或"牺牲"，因此"工作增益家庭"和"家庭增益工作"是营造知识员工支持性工作-家庭氛围的主要方式。在工作-家庭边界策略上，知识员工应该分析分割/融合的成本效益，并根据自身不同人生阶段面临的任务进行边界策略的选择，人们应该学会在价值、技能和行为等方面，有效地调整工作领域和家庭领域的投入，并改善相关角色绩效。由于个人的工作-家庭边界偏好和影响工作-家庭边界的环境因素是个人-环境边界匹配（协调）/不匹配（失调）的因素，因此知识员工要注意在工作中处理好与上级、下级、客户、同行的边界支持关系，家庭中要处理好与配偶、孩子、父母、或朋友的边界支持关系，这样才能促进自身的边界策略匹配，提升工作和家庭满意感以及创新行为。

6.3　人际社会支持对创新行为与绩效的影响

6.3.1　问题提出

知识员工的行为与绩效受到组织各种因素的影响，特别是工作和家庭中密切的人际因素：工作领域中的高层领导、直接主管、同事等，家庭领域中的父母、配偶等，生活中的朋友、同行、同伴等都对知识员工的创新行为和工作绩效有着重要影响。Madjar 等（2002）研究了工作情境与非工作情境中的人际社会支持对员工创新的作用，人际社会支持有利于促进知识员工产生新的想法，创造性地开展工作，这种支持不仅有组织中的上司/同事支持（领导充分授权、支持创新想法、资源条件支持；同事参与合作、激发创新灵感、经验分享等），还有家庭中的家人/亲友支持（家人的创新思想启发、支持参与学习、分担家务劳动），这些都对员工的创新行为产生了积极影响。

中国和美国比较起来，美国注重原始创新，而中国在不断提升原始创新能力的同时，较为注重增值创新；我国未来要建立创新型国家，除要学习先进技术和管理经验外，还要大力挖掘支持知识员工创新行为和绩效的社会文化因素，这不仅有利于中美企业在竞争与合作中相互借鉴，也有利于建设创新型国家的中国借鉴美国经验。

6.3.2 理论分析与研究假设

6.3.2.1 员工创新行为及其影响因素

根据 West 和 Farr（1989）的经典定义，创新行为是在工作角色、群体以及组织范围内对新想法进行有意的创造、介绍和应用，其目的是提高个体的绩效或者使群体及组织获益。Scott 和 Bruce（1994）认为，员工创新行为由个体对问题的认知及观念形成，创新个体就其创意寻求援助，尝试建立支持者联盟，将创新想法进行实践，最后形成产品或服务。Farr 和 Ford（1990）认为冒险倾向、先天智力、工作责任感、工作参与、工作乐趣、工作满意感、工作流动性等都对员工的创新行为有影响。Dyer 等（2011）在《创新者的基因》中认为，创新者（以发现为动力）有五项发现技能：联系、发问、观察、交际、实验，并把这五项发现技能称为"发现商数"；相比而言，实现者（以实现为动力）则具有分析、计划、实施、自律等特质。影响创新行为的个人特质因素主要包括个体差异（如人格、动机与认知能力）和员工积极主动的人格（Scibert et al., 2001）；个体的心理认知态度与积极情绪、创新自我效能感与成就动机、心智模式、心理所有权、个人目标取向等都对创新行为产生积极的影响。影响创新行为的组织特征因素则包括促进创新的组织学习型文化、领导成员关系、员工内在与外在激励、营造创新氛围、组织心理授权、组织的角色绩效和对绩效结果的期望等（Woodman, Yuan, 2010）。另外，员工对工作环境的感知（工作自主性、同事的信任、上级的支持、角色宽度的自我效能感、变革导向、弹性角色导向等）也会影响员工的创新行为（Parker et al., 2006）。这些研究帮助我们从组织的视角出发，认识促进员工创新行为的管理措施。

6.3.2.2　员工创新绩效及其影响因素

员工创新绩效指在个体水平上产生的新颖的、切实可行的、对组织而言有价值的产品、过程、方法和思想。影响创新绩效的因素有：

个体态度与行为方面。Bandura（1997）认为，员工意愿和动机是创新的原因之一，在很大程度上决定创新事实的发生和运行，并对创新环境造成重要影响。Henry 和 Peelle（2007）分析，如果员工对组织态度消极，则会导致员工创新绩效不佳。

管理制度与氛围方面。目标的设置能促进创新性绩效的产生（Carson，Carson，1993）。复杂的工作（自主程度高、反馈较多、工作重要性、认同度高、多样化的工作）能产生创新性绩效（Tierney，Farmer，2004）。另外，创新氛围使得员工能感知组织对知识扩散的态度及创新重心，对员工学习行为产生积极引导，因此有利于创新绩效的提升（Frei，2006）。

创新绩效的产生是许多因素交互作用的结果。人格特征（创造力人格、大五人格）与情境因素（上司的支持、工作的反馈、同事的支持）的交互作用对创新行为和绩效有正向影响（George，Zhou，2001）。认知风格（适应性或创新性的风格）与情境因素（上级的支持和奖励、工作的复杂程度）的交互作用对创新行为和绩效有正向影响（Baer et al.，2003）。Baer 和 Cummings（2006）的后续研究发现，时间压力和开放的经验与支持能提升创新绩效。

6.3.2.3　工作-家庭领域人际社会支持对创新行为和创新绩效的影响

工作领域支持创新的人际因素有高层领导、直接主管、相关同事等；家庭领域支持创新的人际因素有配偶、父母、朋友、同行等。

（1）上司/同事的支持。

Mumford（2002）认为领导从三方面给予员工支持，即创新想法支持、工作支持和社会支持，领导支持的途径主要是社会情绪支持和资源支持。Amabile（2004）等人将领导支持看作提高员工创新技能、提升员工创新内在动机的重要源泉。Kanter（1988）认为参与创新活动对于员工来说有潜在的风险，因此为了消除员工的顾虑，并激励员工在工作过程中寻求创新，领导应提供相应的支持，领导为员工提供具有启发性的反馈以及适当的信息、资源和资金，都对创新绩效有促进作用；领导支持对于员工实际参与的创新活动有积极影响。Madjar（2002）等人发现，许多不同形式的上级支持都对员工的创新绩效有正向作用，如促进员工提高工作效率的支持、为新想法提供反馈等。Janssen（2005）认为员工能在多大程度上感知到创新行为对工作的影响力，取决于他们是否认为上级为他们的创新想法提供支持。领导者对创新的重视和期待会对员工创新行为产生影响，领导者有责任对员工的创新行为及努力结果提供奖励和认可；Tierney（2004）认为由于创新具有不确定性，员工必须有高自我效能感，因此，领导必须通过设置目标、提供榜样作用来不断鼓励和支持员工创新，从而达到提升员工自信心和自我效能感，提高创新绩效的目的。

同事支持是指工作在同一组织中，处于同等地位和同等水平的个体之间相互提供情感、工具和信息等方面的支持，它是以同事间的合作共赢和同事间因竞争而产生的利益矛盾缓和、化解为基础所产生的一种互利行为。Landsman（2001）认为同事支持是社会工作者对从同事那里获得援助和理解的感知；Settoon 和 Mossholder（2002）认为在工作环境中，同事支持是指个体从组织中其他成员那里获得的关怀和照顾；Etzion（1984）认为同事支持就是通过情感关注、工具支持和信息提供而建立起来的一种组织环境中的人际关系。情感关注是对同事的关心、信任、喜欢等；工具支持是指向同事提供财力帮助、物资支援等；信息支持包括提供意见、信息等。同事支持具有交换性，在工作中，给予或接受同事支持通常都期望互惠互利，人格因素会直接影响个体的社会交换感，如果具有强烈交换公平意识的个体觉得自己缺乏回报支持的能力，那么他们可能不会向别人寻求支持，甚至会拒绝他人的帮助。

（2）家人/朋友的支持。

Kahn 和 Quinn（1976）定义了三种形式的家人支持：协助、情感和肯定。协助式支持在于提供相关的信息以及在紧急和困难之际给予帮助；情感式支持是基于支持提供者与支持寻求者之间的关系所提供的情感支持；肯定式支持则是支持提供者相信支持寻求者在压力处理上的能力与信念并给予肯定。特别是在跨文化研究中，许多学者认同家庭与配偶支持是影响外派人员跨文化适应的主要因素，Medenhall 和 Oddou（1987）实证研究发现，配偶支持对外派人员跨文化适应有正向影响。Melby 等（1998）认为，配偶提供的支持，主要包括情感和自尊支持（温暖支持、积极心态、积极倾听、赞美、幽默和笑容等），信息和实际行为支持（问题解决），身体安慰（拥抱或相互依偎、亲吻、拉手等表达的情感行为）等。

Harter（1990a）提出，青少年总体自我价值感的影响因素主要包括重要领域中的能力、朋友同伴支持和父母支持，而重要领域中的能力可以通过影响朋友同伴支持和父母支持，而影响总体自我价值感。Koestner 等（1984）研究认为，朋友的支持可直接促进员工的创新行为；Walberg 等（1980）研究表明，那些在工作中有高度创造性的员工，当他们回忆孩童时代，都得到了父母在创造性方面的支持，这表明家人/朋友的支持对员工的创新行为有显著影响。

根据以上分析提出以下假设：

假设6-7：人际社会支持对创新行为有正向影响；

假设6-7a：上司/同事支持对创新行为有显著正向影响；

假设6-7b：家人/朋友支持对创新行为有显著正向影响。

假设6-8：人际社会支持对创新绩效有正向影响；

假设6-8a：上司/同事支持对创新绩效有显著正向影响；

假设6-8b：家人/朋友支持对创新绩效有显著正向影响。

6.3.3 研究设计与变量分析

6.3.3.1 数据采集

样本信息同6.2.3.1。

6.3.3.2 变量测量

本书采用西方研究文献中的成熟量表，经历了翻译-回译过程，所有潜变量采用7级Likert度量。问卷采用李克特量表法赋值为"1、2、3、4、5、6、7"，用来反映知识员工对工作-家庭氛围的态度，1表示非常反对，7表示非常赞成。

（1）创新行为。采用Scott和Bruce（1994）开发的工作场所中的创新行为量表，该量表共6个条目，主要内容有探索创新、孕育创新、拥护创新、资金支持、时间保障、实现目标，如"在技术、工艺、诀窍和/或产品方面探究新的想法""给予别人促进和拥护的理念"等。

（2）创新绩效。采用Janssen O（2005）开发的员工创新工作绩效量表，分为孕育创新、促进创新、实现创新三个维度。根据本书研究需要，此处采用"实现创新"测量创新绩效，如"将创新思想转换为有效的应用""系统地将创新思想引入工作环境"等。

（3）人际社会支持。采用Madjar等（2002）开发的两维度量表，一个是对创新的工作支持（上司/同事对创新的支持），另一个是对创新的非工作支持（家人/朋友对创新的支持），如"为了促进工作，我的上司与我讨论工作相关的想法""即使我的理念或工作解决方案还没有被多数人接受，我的上司仍然支持我""为了促进工作，家人和组织外的朋友有兴趣与我讨论和工作有关的想法""当我提出关于工作的新想法时，我的家人和组织外的朋友总是给予支持"。

6.3.3.3 各变量的信度和效度检验

本书首先对所有问题进行了条目分析（item analysis），结果发现，每个条目的高分段和低分段均有显著差异。本书采用 Cronbach's α 系数法验证中国样本、美国样本各量表的内部一致性信度（见表 6.11、表 6.12），各量表的 Cronbach's α 系数均在 0.65 以上，说明各量表具有较好的信度。

表 6.11 中国样本验证性因子分析结果 （ $N = 775$ ）

量表名称	Cronbach's α	标准化负荷系数（η）	χ^2/df	RMSEA	NFI	IFI	TLI	CFI
创新行为	0.91	0.71~0.86	2.860	0.049	0.994	0.996	0.988	0.996
创新绩效	0.90~0.91	0.82~0.89	4.323	0.066	0.990	0.992	0.982	0.992
人际社会支持	0.83~0.89	0.66~0.84	3.865	0.061	0.972	0.979	0.965	0.979

表 6.12 美国样本验证性因子分析结果 （ $N = 267$ ）

量表名称	Cronbach's α	标准化负荷系数（η）	χ^2/df	RMSEA	NFI	IFI	TLI	CFI
创新行为	0.83	0.68~0.81	1.660	0.50	0.989	0.995	0.986	0.995
创新绩效	0.85~0.87	0.72~0.89	2.847	0.083	0.959	0.973	0.957	0.973
人际社会支持	0.83~0.76	0.51~0.88	2.674	0.078	0.924	0.951	0.930	0.950

从表 6.11 和表 6.12 可以看出，各量表条目的标准化负荷系数都在 0.4 以上，且各量表的绝大部分拟合优度指标都表现出较好的拟合度，说明各量表都具有较好的结构效度。

6.3.3.4 主要变量的描述性统计和相关性分析

对变量的描述性统计和相关性分析，使用的是 SPSS 统计分析软件，表 6.13 和表 6.14 显示了各变量的均值、方差和相关系数。中国样本中创新行为与实现创新、上司/同事支持、家人/朋友支持都有显著的相关关系。美国样本中创新行为与实现创新、上司/同事支持、家人/朋友支持也有显著的相关关系。

表 6.13 中国数据的均值、方差和相关系数 （ $N = 775$ ）

变量	均值	方差	1	2	3	4	5	6
1. 创新行为	5.450 3	1.098	(0.91)					
2. 实现创新	5.543 2	1.138	0.646**	(0.91)				
3. 上司/同事支持	5.275 7	1.120	0.445**	0.383**	(0.89)			
4. 家人/朋友支持	4.771 1	1.167	0.418**	0.332**	0.393**	(0.83)		

注：*** 表示在 0.001 水平上显著（双侧）；** 表示在 0.01 水平上显著（双侧）；* 表示在 0.05 水平上显著（双侧）。括号内为 α 信度系数。

表 6.14　美国数据的均值、方差和相关系数 （ $N = 267$ ）

变量	均值	方差	1	2	3	4	5	6
1. 创新行为	4.994 4	1.015	(0.83)					
2. 实现创新	4.883 9	1.212	0.638**	(0.85)				
3. 上司/同事支持	4.807 7	0.909	0.235**	0.266**	(0.83)			
4. 家人/朋友支持	4.635 5	0.907	0.259**	0.241**	0.418**	(0.76)		

注：*** 表示在 0.001 水平上显著（双侧）；** 表示在 0.01 水平上显著（双侧）；* 表示在 0.05 水平上显著（双侧）。括号内为 α 信度系数。

6.3.4　数据比较与分析结果

在人际社会支持对创新行为、创新绩效等各个结果变量的研究过程中，采用层级回归的方法进行检验：第一层，检验控制变量（性别、年龄、婚姻状况、受教育程度、任职期限）对结果变量的影响；第二层，自变量和调节变量的主效应分析：将上司/同事支持、家人/朋友支持作为自变量分别对创新行为与创新绩效进行回归分析；第三层，二维交互的调节效应分析：将人际社会支持的各个变量进行中心化后，将其交互项作为自变量，分别对创新行为与创新绩效进行回归分析，结果如表 6.15 所示。

表 6.15　人际社会支持对创新行为与创新绩效的层级回归结果

变量	创新行为（ β ）		创新绩效（ β ）	
	中国样本	美国样本	中国样本	美国样本
控制变量				
性别	0.043	0.118	0.003	0.091
年龄	−0.046	−0.136	−0.007	−0.097
婚姻状况	0.008	0.094	−0.006	0.107
受教育程度	0.039	0.157*	0.066	0.248***
任职期限	0.034	0.033	−0.012	−0.076
主效应				
上司/同事支持	0.288***	0.141	0.257***	0.263***

变量	创新行为（β）		创新绩效（β）	
	中国样本	美国样本	中国样本	美国样本
家人/朋友支持	0.230 ***	0.188 *	0.150 ***	0.083
△ F	23.52 ***	2.113 **	17.709 ***	2.424 **
△ R²	0.328	0.171	0.270	0.196

注：*** 表示在 0.001 水平上显著（双侧）；** 表示在 0.01 水平上显著（双侧）；* 表示在 0.05 水平上显著（双侧）。

6.3.4.1 中国样本

（1）对创新行为的影响。

上司/同事支持对创新行为有显著的正向影响（ $\beta = 0.288$, $P < 0.001$ ），假设 6-7a 得到验证；家人/朋友支持对创新行为有显著的正向影响（ $\beta = 0.230$, $P < 0.001$ ），假设 6-7b 得到验证。

（2）对创新绩效的影响。

上司/同事支持对创新绩效有显著的正向影响（ $\beta = 0.257$, $P < 0.001$ ），假设 6-8a 得到验证；家人/朋友支持对创新绩效有显著的正向影响（ $\beta = 0.150$, $P < 0.001$ ），假设 6-8b 得到验证。

6.3.4.2 美国样本

（1）对创新行为的影响。

上司/同事支持对创新行为无显著影响，假设 6-7a 未得到验证；家人/朋友支持对创新行为有显著的正向影响（ $\beta = 0.188$, $P < 0.05$ ），假设 6-7b 得到验证。

（2）对创新绩效的影响。

上司/同事支持对创新绩效有显著的正向影响（ $\beta = 0.263$, $P < 0.001$ ），假设 6-8a 得到验证；家人/朋友支持对创新绩效无显著影响，假设 6-8b 未得到验证。

6.3.5 中美样本中的趋同性和差异性分析

由于工作领域的主要人际支持来自上司和同事，非工作领域的主要人际支持来自家人和朋友，因此本书分析了人际社会支持对创新行为和创新绩效的直接影响。

如果不考虑文化差异性，人际社会支持研究的一般结论是，工作场所中来自上司/同事的支持与工作满意感、工作绩效、组织承诺、职业成功等正相关；非工作场所中来自家人/朋友的支持对改善健康、调节情绪、减少压力和缓解工作-家庭冲突也有显著的作用。

本书研究的人际社会支持产生的直接影响方面，中国和美国的结论是一致的，即上司/同事支持对创新绩效有显著的正向影响，因为来自工作场所的上司/同事支持，有利于带来积极的工作结果。中国和美国在员工的家人/朋友支持对创新行为有显著的正向影响方面，结论也是一致的，创新行为受个人特征、环境因素、文化因素的影响，创新需要大量的聪明才智，创新者需要特定的环境，创新者的行为也要与创新机遇相匹配。中国员工的家人/朋友支持对创新绩效有显著正向影响，而美国员工的家人/朋友支持对创新绩效没有影响。在中国文化背景中，一个人的成功会给家庭甚至家族带来荣耀和财富，因此家人支持工作，主动付出时间，分担家务劳动，贡献才智等行为也颇为常见，中国社会对此高度认同。然而在美国文化背景中，如果一个人为了工作，减少了与家人共处的时间，无法承担在家庭中的责任，这将会带来严重的工作-家庭冲突，家人对工作的支持甚至会被认为是一种负面的干扰。中国员工的上司/同事支持对员工创新行为有显著正向影响，但美国员工上司/同事支持对员工的创新行为并没有影响。

7 研究结论与创新

7.1 研究结论

　　知识员工的创新行为是组织发展的核心源泉，也是获得个人成就感和家庭幸福感的内在动力。根据个人－环境匹配理论：只有营造双向支持的工作－家庭氛围，才有利于缓解冲突。知识员工对角色的社会建构和投入有差异，从而影响角色的输出结果，因此工作－家庭氛围通过传统伦理和角色投入的中介作用对员工创新行为产生影响。本书分析了支持创新行为的工作－家庭氛围的概念、维度；揭示了工作－家庭氛围、传统伦理、角色投入、创新行为等变量的逻辑关系，建立了理论模型并通过问卷调查和案例研究进行验证和改进；还在中美跨文化情境中，对理论模型进行了解释和应用。

　　本书根据文献分析，结合个人－环境匹配理论、组织氛围理论、角色投入理论，在中美传统伦理比较视角下，探究支持知识员工创新行为的理论与实践，并建立了"个人－环境匹配—感知氛围—综合结果"理论模型（见图 7.1）。根据角色投入理论，知识员工对工作－家庭氛围的感知会影响员工的角色投入，角色投入分别对员工态度结果和行为结果产生影响；而工作－家庭氛围对结果变量的影响，又受到传统伦理社会支持的调节效应的影响。本书对中国和美国企业的员工进行了问卷调查以及对结果进行了实证分析、对理论模型进行了应用和解释，并加以修正与运用，是本书重要的学术贡献。主要内容如下：

　　（1）工作－家庭氛围对创新行为、工作－家庭冲突和满意感的影响存在文化差异。

　　工作中"牺牲家庭的氛围"和家庭中"牺牲工作的氛围"，都对工作－家庭冲突有正向影响；工作中"关注家庭的氛围"提升了中国员工的家庭满意感，却提升了美国员工的工作满意感，而家庭中"关注工作的氛围"提升了中国员工的工作满意感，但对美国员工却没有影响。工作-家庭氛围对创新行为影响方面，中国和美国样本结论一致的有：工作中"支持家庭的氛围"都对创新行为有正向影响；家庭中"支持工作的氛围"对中国员工创新行为有正向影响，对美国员工却没有影响。究其原因，中国人工作-生活融合程度高于西方人，认为工作和家庭无法分割，特别是为家庭提供重要经济来源的男性，把家庭放在次于工作的第二位常常被视为对组织忠诚的体现。中国员工具有显著把工作放在首位的特点，家人也把乐于牺牲家庭时间而支持员工完成工作任务作为支持员工工作的重要手段，认为为了工作即使牺牲了家庭也在所不惜，并且男性比女性对这个感知程度更高，表明男性更以工作为中心。

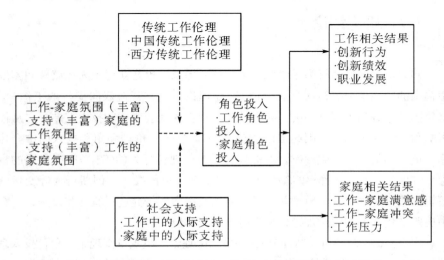

图7.1　影响员工创新行为的工作-家庭氛围跨文化比较模型

（2）人际社会支持对创新行为（绩效）产生影响但存在跨文化差异。

本书研究的人际社会支持产生的直接影响方面，中国和美国的结论是一致的，上司/同事支持对创新绩效有显著正向影响，因为来自工作场所的上司/同事支持，有利于带来积极的工作结果。中国和美国在员工的家人/朋友支持对创新行为有显著的正向影响方面，结论也是一致的，创新行为受个人特征、环境因素、文化因素的影响，创新需要大量的聪明才智，创新者需要特定的环境，创新者的行为也要与创新机遇相匹配。中国员工的家人/朋友支持对创新绩效有显著正向影响；而美国员工的家人/朋友支持对创新绩效没有影响。在中国文化背景中，一个人的成功会给家庭甚至家族带来荣耀和财富，因此家人支持工作，主动付出时间，分担家务劳动，以及贡献才智等行为也颇为常见，中国社会对此高度认同；然而在美国文化背景中，如果一个人为了工作，减少了与家人共处的时间，无法承担在家庭中的责任，这将会带来严重的工作-家庭冲突，家人对工作的支持甚至会被认为是一种负面的干扰。中国员工的上司/同事支持对员工创新行为有显著正向影响；但美国员工上司/同事支持对员工的创新行为并没有影响；这一定程度上说明：中国员工的创新行为多来源于上司/同事的启发和家人/朋友的鼓励等外在因素，而美国员工的创新行为多来源于自身工作兴趣等内在因素。

以上结论对促进知识员工工作-家庭积极双向溢出，以及促进创新行为有着重要价值。

7.2 研究创新

（1）开发了兼顾工作场所快速变化和传统伦理深远影响的工作-家庭氛围测量工具。

本书重新界定了工作-家庭氛围的基本内涵，遵循组织氛围的研究思路，合理扬弃以前工作-家庭氛围的测量内容，从工作和家庭双向支持的视角，同时兼顾了工作场所快速变化和传统伦理深远影响的因素，适合运用于对跨国企业工作-家庭氛围的研究和管理诊断，并为员工调整自己的边界管理措施，适应他人的边界管理风格提供理论依据。

（2）研究了工作-家庭边界连接机制的个人-环境匹配对工作-家庭氛围产生的影响。

关于个人-环境匹配用于解释工作-家庭领域问题的理论分析较多，而实证结论较少，本书有效地解释了个人与环境的边界连接匹配和不匹配导致的结果，并依据不同的匹配情况对工作-家庭氛围进行了科学分类，实证检验了个人边界偏好与边界环境影响因素匹配或不匹配时对工作-家庭氛围产生的影响，这在工作-家庭边界连接机制的研究领域中是一个重要的探索。

在对全模型的调节作用中，不仅要研究工作-家庭氛围通过调节中介作用对结果变量产生的直接影响，而且要研究工作-家庭氛围通过调节中介作用对结果变量产生的交叉影响。在跨文化的情境下进行这样的比较，更具有理论价值和实践解释力，这对我们在实践中双向支持知识员工，以促进他们学习和创新、缓解压力和促进身心健康有着积极的意义，不仅有利于支持跨国企业知识员工的创新行为，而且有利于促使跨国公司员工合理适应快速变化的工作环境和传统伦理的深远影响。

参考文献

[1] 安玉红,李嫄,郭然,等.企业高管团队管理自主权对决策效果的动态影响研究 [J].领导科学,2017 (8):44-47.

[2] 曹伟宏,何元庆,李宗省,等.丽江旅游气候舒适度与年内客流量变化相关性分析 [J].地理科学,2012,32 (12):1459-1464.

[3] 查书平,张敏,王丽娜.浙江省夏季旅游气候舒适度的空间分布特征 [J].南通大学学报 (自然科学版),2012 (1):53-57.

[4] 陈晨,时勘,陆佳芳.变革型领导与创新行为:一个被调节的中介作用模型 [J].管理科学,2015,28 (4):11-22.

[5] 陈刚,谢科范,郭伟.创业团队结构对决策行为和决策质量的影响 [J].软科学,2010,24 (11):84-88.

[6] 陈静龄.领导授权行为对团队创新绩效的影响:团队主动性与团队学习的中介机制 [J].上海管理科学,2019,41 (3):84-88.

[7] 杜运周,陈忠卫.高管冲突与团队决策绩效:基于控制模式的调节分析 [J].管理科学,2009,22 (4):31-40.

[8] 段锦云,凌斌.中国背景下员工建言行为结构及中庸思维对其的影响 [J].心理学报,2011,43:1185-1197.

[9] 范业正,郭来喜.中国海滨旅游地气候适宜性评价 [J].自然资源学报,1998 (4):17-24.

[10] 费孝通.家庭结构变动中的养老赡养问题:再论中国结构的变动 [J].北京大学学报 (哲学社会科学版),1983 (3):6-15.

[11] 高利平.健康老龄化 [M].济南:山东人民出版社,2011.

[12] 顾琴轩,王莉红.人力资本与社会资本对创新行为的影响:基于科研人员个体的实证研究 [J],科学学研究,2009,27 (10):1564-1570.

[13] 郭丽燕.员工情绪管理是企业文化建设的重要课题 [D].长春:吉林大学,2005.

［14］郭然，李嫄，梁林，等. 企业高层管理团队决策效果影响因素研究［J］. 领导科学，2016（23）：34-37.

［15］郭然，刘兵，李媛. 企业高层管理团队决策行为对决策效果的影响［J］. 企业经济，2013（9）：19-23.

［16］韩瑞霞，曹永融，徐剑，等. 差异中的同一：中美文化价值观比较：基于一项对美国民众的大型国际调研［J］. 上海交通大学学报，2011（6）：1-8.

［17］黄建文，杨忠敏，毛良虎. 知识经济时代下变革型领导对工作绩效的影响：基于员工创造力中介效应的实证研究［J］. 常州大学学报（社会科学版），2019，20（3）：77-84.

［18］霍寿喜. 气候对性格的影响［J］. 祝您健康，2016（9）：57.

［19］蒋丽，于广涛，李永娟. 团队决策及其影响因素［J］. 心理科学进展，2007（2）：358-365.

［20］李贵卿，井润田，瑞德. 人际社会支持对创新行为与绩效的影响：中美传统工作伦理比较［J］. 贵州社会科学，2018，6：43-49.

［21］李宗幸. 旅游者的气候舒适度感知、情感体验与环境责任行为关系研究［D］. 长沙：湖南师范大学，2018.

［22］林婉莹. 气候舒适度对旅游活动的影响研究［D］. 上海：上海师范大学，2017.

［23］林晏州. 休憩者选择游憩区行为之研究［J］. 都市计划，1984（10）：33-49.

［24］刘斌. 创新氛围感知、工作幸福感对员工创新行为的影响研究［D］. 西安：西北大学，2018.

［25］刘梅，于波，姚克敏. 人体舒适度研究现状及其开发应用前景［J］. 气象科技，2002（1）：11-14.

［26］刘玉新，张建卫. 家庭友好实践、人格特质对工作家庭冲突的影响［J］. 中国工业经济，2010（5）：99-101.

［27］陆海英. 长株潭城市群中产阶层体育休闲参与研究［D］. 上海：华中师范大学，2012.

［28］吕毅辉. 情绪影响因素及情绪管理研究［D］. 泉州市：华侨大学，2011.

［29］马格纳斯. 人口老龄化时代：人口正在改变全球经济和我们的世界［M］. 北京：经济科学出版社，2012.

[30] 马丽君，孙根年，马彦如，等. 30 年来西安市气候舒适度变化对旅游客流量的影响 [J]. 干旱区资源与环境，2011，25（9）：191-196.

[31] 马丽君，孙根年，李馥丽，等. 陕西省旅游气候舒适度评价 [J]. 资源科学，2007，29（6）：40-44.

[32] 马丽君，孙根年，马耀峰，等. 气候舒适度对热点城市入境游客时空变化的影响 [J]. 旅游学刊，2011，26（1）：45-50.

[33] 马丽君，孙根年，王洁洁. 中国东部沿海沿边城市旅游气候舒适度评价 [J]. 地理科学进展，2009，28（5）：713-722.

[34] 马丽君，孙根年，杨睿，等. 城市气候舒适度与游客网络关注度时空相关分析 [J]. 地理科学进展，2011，30（6）：753-759.

[35] 马丽君，孙根年. 中国西部热点城市旅游气候舒适度 [J]. 干旱区地理，2009，32（5）：791-797.

[36] 孟变丽. 创意和创新对创业过程的影响研究 [J]. 海峡科学，2010（11）：46-48.

[37] 孟昭兰. 情绪心理学 [M]. 北京：北京大学出版社，2005：165-173.

[38] 任峰，张朋朋. 创业团队异质性与团队互动、决策绩效的关系路径：一项多案例研究 [J]. 中国人力资源开发，2017（4）：111-121.

[39] 闫业超，岳书平，刘学华，等. 国内外气候舒适度评价研究进展 [J]. 地球科学进展，2013，28（10）：1119-1125.

[40] 孙美淑，李山. 气候舒适度评价的经验模型：回顾与展望 [J]. 旅游学刊，2015，30（12）：19-34.

[41] 谭家伦. 两岸高学历单身女性健康生活型态、休闲参与、休闲满意度与幸福感关系之比较研究：以北京市与台北市为例 [D]. 北京：北京师范大学，2011.

[42] 唐子璐，万柳辛，庄静，等. 大学生情绪管理影响因素及改进策略研究 [J]. 卫生职业教育，2019（17）：38-39.

[43] 王华芳. 山西省旅游气候舒适度分析与评价研究 [D]. 太原：山西大学，2007.

[44] 王汶，鲁旭. 基于 GIS 的人居环境气候舒适度评价：以河南省为例 [J]. 遥感信息，2009（2）：104-109.

[45] 王永丽，何熟珍. 工作-家庭冲突研究综述：跨文化视角 [J]. 管理评论，2008（5）：20-27.

［46］王远飞，沈愈. 上海市夏季温湿效应与人体舒适度［J］. 华东师范大学学报（自然科学版），1998（3）：60-66.

［47］王跃生. 当代中国家庭结构变动分析［J］. 中国社会科学，2006（1）：96-108.

［48］韦伯. 中国的宗教：儒教与道教［M］. 洪天富，译. 南京：江苏人民出版社，2010.

［49］温忠麟，侯杰泰. 结构方程模型检验：拟合指数与卡方准则［J］. 心理学报，2004，36（2）：186-194.

［50］温忠麟，叶宝娟. 中介效应分析：方法和模型发展［J］. 心理科学进展，2014（5）：731-745.

［51］吴文铭. 人格特质、自我娱乐能力、休闲参与及休闲满意线性关系结构之构建与验证［D］. 台湾：台湾体育学院，2001.

［52］肖水源，杨德森. 社会支持对身心健康的影响［J］. 中国心理卫生杂志，1987：1：184-187.

［53］谢在永. 厄尔尼诺与人体［J］. 大众标准化，2002（9）：34.

［54］严天鹤，李晓斌，杨艳军，等. 漾濞县人居环境气候舒适度评价［J］. 气象研究与应用，2018（3）：60-62.

［55］杨成芳. 山东省旅游气候舒适度研究［D］. 青岛：中国海洋大学，2004.

［56］杨国枢，郑伯熏. 传统价值观、个人现代型及组织行为：后儒家假说的一项微观验证［C］. 中央研究院民族学研究所集刊，1987，64：1-49.

［57］杨建锋，明晓东. 中国情境下团队伦理决策的过程机制及影响因素［J］. 心理科学进展，2017，25（4）：542-552.

［58］杨景风. 新生代员工参与对其创新行为的影响研究：创新自我效能感的中介作用［D］. 沈阳：辽宁大学，2018.

［59］袁家峰，黄俊，张荣，等. 曲靖城区人居环境气候舒适度评价分析［J］. 云南大学学报（自然科学版），2017，39（S1）：77-82.

［60］詹小慧，李群. 组织支持感与员工创新绩效：一个跨层次的调节模型［J］. 当代经济管理，2019.

［61］张慧萍. 新员工个人-环境匹配对离职意图的影响研究：组织认同轨迹和工作投入轨迹的中介作用［D］. 上海：华东师范大学，2018.

［62］张丽俐. 影响女性高科技人才工作-家庭冲突因素分析及其干预策略［J］. 中国人力资源开发，2010，（12），86-89.

[63] 张勉，李海，魏军，等. 交叉影响还是直接影响？工作-家庭冲突的影响机制 [J]. 心理学报，2011，43（5）：579-588.

[64] 张勉，魏钧，杨百寅. 工作和家庭冲突的前因和后果变量：中国情景因素形成的差异 [J]. 管理工程学报，2009，23（4）：79-84.

[65] 张志学，张建君. 中国企业的多元解读 [M]. 北京：北京大学出版社，2010.

[66] 郑向敏，宋伟. 运动休闲的概念阐释与理解 [J]. 北京体育大学报，2008（3）：315-317.

[67] 周劲波，古翠凤. 创业团队决策模式研究 [J]. 研究与发展管理，2008（1）：64-71.

[68] 周劲波. 多层次创业团队决策模式研究 [J]. 中国人力资源开发，2006（7）：20-25.

[69] 左广明. 从《哈利贝利·费恩历险记》看美国西部文化 [J]. 牡丹江大学学报，2010，11：44-49

[70] ALLEN J. The "Protestant Ethic" in Japan [J]. The Journal of Developing Areas, 1966, 1: 23-40.

[71] AMABILE T M, CONTI R, CON H, et al. Assessing the Work Environment for Creativity [J]. Academy of Management Journal, 1996, 39 (5): 1154-1184.

[72] AMABILE T M. Leader Behaviors and the Work Environment for Creativity: Perceived Leader Support. [J]. Leadership Quarterly, 2004, 15 (1): 5-32.

[73] ARYEE S, LUK V, LEUNG A, et al. Role stressors, inter-role conflict, and well-being: the moderating influence of spousal support and coping behaviors among employed parents in Hong Kong [J]. Journal of Vocational Behavior, 1999 (54): 259-278.

[74] BANDURA A. Self-efficacy: Towards a unifying theory of behavioral change [J]. Psychology Review, 1997, 84 (2): 191-215.

[75] BEAR M, OLDHAM G R, CUMMINGS A. Rewarding Creativity: When does it Really Matter? [J]. Leadership Quarterly, 2003, 14: 569-586.

[76] BEAR M, OLDHAM G R. The Curvilinear Relation between Experienced Creative Time Pressure and Creativity: Moderating Effects of Openness to Experience and Support for Creativity [J]. Journal of Applied Psychology, 2006, 91: 963-970.

[77] BEARD J G, RAGHEB M G. Measuring Leisure Satisfaction [J]. Journal of Leisure Research, 1980, 12 (1): 20-33.

[78] BELLAH R N, MADSEN R, SULLIVAN W M, et al. Habits of the heart individualism and commitment in American life [M]. New York Harper & Row, 1985.

[79] BLAZEJCZYK K, EPSTEIN Y, JENDRITZKY G, et al. Comparison of UTCI to selected thermal indices [J]. International Journal of Biometeorology, 2012, 56: 515-535.

[80] BOND M H, HWANG K K. The Social Psychology of Chinese People [A]. In M. H. Bond (Eds), The Psychology of Chinese People [C]: 213 - 266. Hong Kong: Oxford University Press, 1986.

[81] CARSON P P, CARSON K D. Managing Creativity Enhancement Through Goal Setting and Feedback [J]. Journal of Creative Behavior, 1993, 27: 36-45.

[82] CARVER D M, JONES H W. The Family Satisfaction Scale [J]. Social Behavior and Personality, 1992, 20 (2), 71-84.

[83] CHEN M J, MILLER D. West Meets East: Toward an Ambicultural Approach to Management [J]. Academy of Management Perspectives, 2011, 11: 17- 24.

[84] CHEN Y C, et al. Relationships among Adolescents´ Leisure Motivation, Leisure Involvement, and Leisure Satisfaction: A Structural Equation Model [J]. Social Indicators Research, 2013, 110 (3): 1187-1199.

[85] CHRISTOPHER A N, SCHLENKER B K. The Protestant Work Ethic and Attributions of Responsibility: Applications of the Triangle Model [J]. Journal of Applied Social Psychology, 2005, 35 (7): 1502-1518.

[86] CLARK L A, WATSON D. Mood and the mundane : Relations between daily Life events and self-report mood [J]. Journal of Personality and Social Psychology, 1988 (54): 296-308.

[87] CLARK S C. Work/family border theory : A new theory of work/family border theory: A new theory of work/family balance [J]. Human Relations, 2000, 53 (6): 747-769.

[88] CSIKSZENTMIHALYI M. Flow: The Psychology of Optimal Experience [M]. New York: Harper Perennial, 1990.

[89] DANIEL B. The Cultural Contradictions of Capitalism [M]. New York:

Basic Books, Inc., Pubilishbers , 1976.

[90] DANSEREAU F, GRAEN C, HAGA W J. A Vertical Dyad Linkage Approach to Leadership within Formal Organizations [J]. Organizational Behavior and Human Performance, 1975, 13 (1): 46-78.

[91] DYER J, GREGERSEN H, CHRISTENSEN M C. The Innovator's DNA [M]. Harvard Business Review Press, 2011.

[92] EDWARDS J E, WATERS L K. Relationship of Academic Job Involvement to Biographical Data, Personal Characteristics, and Academic Performance [J]. Educational and Social Measurement, 1990, 40: 547-551.

[93] EGRI C P, RALSTON D A. Generation Cohort and Personal of Values: A Comparison of China and the United States [J]. Organization Science, 2004, 15 (2): 210-220.

[94] EISENBERG N, Moore B S. Emotional regulation and development [J]. Motivation and Emotion, 1997 (21): 1-6.

[95] ETZION D. Moderating effect of social support on the stress-burnout relationship [J]. Journal of Applied Psychology, 1984, 69: 615-622.

[96] FARR J L, FORD C M. Individual innovation [A]. In M. A. West & J. L. Farr (Eds), Innovation and Creativity at work: Psychological and Organizational Strategies [C]: 63-80. Chichester, U. K: Wiley, 1990.

[97] FARR, JAMES L. Individual innovation [J]. Innovation and creativity at work: Psychological and organizational strategies, 1990: 63-80.

[98] FOX A R. Activity and Communal Authority: Localist Lessons from Puritanand Confucian Communities [J]. Philosophy East & West, 2008, 58 (1): 36-59.

[99] FREI X. Breaking the trade-off between efficiency and services [J]. Harvard Business Review, 2006, 84 (11): 92-101.

[100] FURNHAM A. Content, Correlational and Factor Analytic Study of Seven Questionnaire Measures of the Protestant Work Ethic [J]. Human Relations, 1990, 43: 383-399.

[101] GEORGE M J, ZHOU J. When openness to experience and conscientiousness are related to creative behavior an interactional approach [J]. Journal of Applied Psycho logy, 2001, 3: 513-524.

[102] GREENBERG J. Equity, Equality and the Protestant Ethic: Rewards

Following Fair and Unfair Competition [J]. Journal of Experimental Social Psychology, 1978, 14: 217-226.

[103] GREENHAUS J H, POWELL G N. When work and family are allies: A theory of work-family enrichment [J]. Academy of Management Review, 2006, 31: 72-92.

[104] GUO X W. Counterproductive Work Behaviors, Confucian Values, and Production Deviance: the Mediating Effect of Job Satisfaction [J]. Social Behavior and Personality, 2012, 40 (6): 1045-1056.

[105] HAAYIO-MONNIK A E. Satisfaction with Family, Work, Leisure and Life among Men and Women [J]. Human Relations, 1971, 24 (6): 585-601.

[106] HALBESLEBEN J R, ZELLARS K L, CARLSON D S, et al. The moderating effect of work-linked couple relationships and work-family integration on the spouse instrumental support-emotional exhaustion relationship [J]. Journal of Occupational Health Psychology, 2010, 15 (4): 371-387.

[107] HARTER S. Causes, correlates and the functional role of global self-worth: A life-span perspective [A]. In R. Sternberg, J. Kolligian, Jr. Competence Considered [C]. New Haven, CT: Yale University Press, 1990a, 67-98.

[108] HENRY E, PEELLE M. Reciprocating perceived organizational support through behavior [J]. Journal of Management, 2007, 35 (4): 554-575.

[109] HILL L, GRIFFITH O W, FLACK M. The measurement of the rate of heat loss at body temperature by convection, radiation and evaporation [J]. Philosophical Transaction of Royal Society, 1916, 207: 183-220.

[110] HOFSTEDE G, M H. The Confucius Connection: From Cultural Roots to Economic Growth [J]. Organizational Dynamics, 1988, 16: 5-21.

[111] HOUGHTON F C, YAGLOU C P. Determining equal comfort lines [J]. Journal of the American Society of Heating and Ventilating Engineers, 1923, 29: 165-176.

[112] HUANG M P, LIANG W C, HSIN C N. Confucian Dynamism Work Values and Team Performance: A Multiple-level Analysis [J]. Asian Journal of Social Psychology, 2012, 15: 178-188.

[113] JACKSON S E, SCHULER R. Human Resource Planning: Challenges for Industrial/Organizational Psychologists [J]. American Psychologist, 1990, 45: 223-239.

[114] JANSSEN O. The Joint Impact of Perceived Influence and Supervisor Supportiveness on Employee Innovative Behavior [J]. Journal of Occupational and Organizational Psycholoy, 2005, 78 (4): 573-579.

[115] JENDRITZKY G, DEAR R, HAVENITH G. UTCI why another thermal index [J]. International Journal of Biometeorology, 2012, 56: 421-428.

[116] KAHN H. World Economic Development, 1979 and Beyond1979 [M]. New York: Morrow Quill Paperbacks, 1979: 121-122.

[117] KAHN R L, QUINN R P. Mental Health, Social Support and Metropolitan Problems [M]. Ann Arbor, MI: Institute of Social Research, University of Michigan, 1976.

[118] KANTER R M. When a 1000 Flowers Bloom: Structural, Collective and Social Conditions for Innovation in Organization. [J]. Research in Organizational Behavior, 1988 (10): 169-211.

[119] KIM K H, LEE H H, CHAE K B, et al. Creativity and Confucianism Among American and Korean Educators [J]. Creativity Research Journal, 2011, 23 (4): 357-371.

[120] KIRBY P G, BIEVER J L, MARTINEZ I G et al. Adults Returning to School: the impact on family and work [J]. The Journal of Psychology, 2004, 138 (1): 65-76.

[121] KOESTNER R, RYAN R M, BERNIERI F, et al. Setting Limits on Children's Behavior: the Differential Effects of Controlling Versus Informational Styles on Intrinsic Motivation and Creativity [J]. Journal of Personality, 1984, 52: 233-248.

[122] KOSSEK E E, COLQUITT J A, NOE R M. Caregiving decisions, well-being, and performance: the effects of place and provider as a function of dependent type and work-family climates [J]. Academy of Management Journal, 2001, 44 (1): 20-44.

[123] KOSSEK E E, PICHLER S, BODNER T, et al. Workplace Social Support and Work-family Conflict: A Meta-analysis Clarifying the Influence of General and Work-family-specific Supervisor and Organizational Support [J]. Personnel Psychology, 2011, 64: 289-313.

[124] KREINER G E. Consequences of work-home segmentation or integration: A person-environment fit perspective [J]. Journal of Organizational Behavior,

2006, 27: 485-507.

[125] KREINER G N, HOLLENSBE E C, SHEEP E G. Balancing borders and bridges: negotiating the work-home interface via boundary work tactics [J]. Academy of Management Journal, 2009, 52 (4): 704-730.

[126] KULKA R A. Interaction as person-environment fit. In R. A. Kahle (Ed.). New Directions for Methodology of Behavioral Science [M]. San Francisco: Jossey-Bass. 1979.

[127] LANDSMAN M. Commitment in public child welfare [J]. Social Service Review, 2001, 75: 386-419.

[128] LEONG T L, HUANG J L, MAK S. Protestant Work Ethic, Confucian Values, and Work-Related Attitudes in Singapore [J]. Journal of Career Assessment, 2014, 22 (2): 304-316.

[129] LEWIN K. Field theory in social science: Selected theoretical papers [M]. New York: Harper, 1951.

[130] LIM V K G. Money Matters: an Empirical Investigation of Money, Face and Confucian Work Ethic [J]. Personality and Individual Differences. 2003, 35: 953-970.

[131] LITWIN G H, STRINGER R A. Motivation and organizational climate [M]. Cambridge, MA: Harvard Business School, Division of Research. 1968.

[132] LOSIRE G, BOURQUR P, VAL LERAND R. A Motivational Model of Leisure Participation in the Elderly [J]. Journal of Psychology, 1993, 127 (2): 153-170.

[133] LU L C, HUANG Y W, CHANG H H. Confucian Dynamism, the Role of Money and Consumer Ethical Beliefs: an Exploratory Study in Taiwan [J]. Ethics & Behavior, 2014, 24 (1): 34-52.

[134] LU L, KAO S F, SIU O L, et al. Work Stress, Chinese Work Value, and Work Well-being in the Greater China [J]. The Journal of Social Psychology, 2011, 151 (6): 767-783.

[135] MACDONALD P A. Correlates of the Ethics of Personal Conscience and the Ethics of Social Responsibility [J]. Journal of Consulting and Clinical Psychology, 1971, 37: 443.

[136] MADJAR N, OLDHAM G R, PRATT M G. There's no place like home?: The contributions of work and non-work creativity support to employees' cre-

ative performance [J]. Academy of Management Journal, 2002, 45: 757-767.

[137] MATHEIS S, ADAMS G R. Family Climate and Identity Style During Late Adolescence Identity [J]. An International Journal of Theory and Research, 2004, 4 (1): 77-95.

[138] MAX WEBER M. The Protestant Ethic and the Spirit of Capitalism [M]. Unwin Hyman, London & Boston, 1930.

[139] MCCANN P D. Business Ethics in the Perspectives of Christian Social Teaching and Confucian Moral Philosophy: Two Ships Passing in the Night [J]. Journal of International Business Ethics, 2010, 3 (2): 16-28.

[140] MCCLELLAND D C, ATKINSON J W, CLARK R A, et al. The Achievement Motive [M]. New York: Appleton-Century-Crofts, 1953.

[141] MEDENHALL, ODDOU. Acculturation Profiles of Expatriates Managers: Implication for cross-cultural training programs [J]. Columbia Journal of World Business, 1987, 21: 78-87.

[142] MICHEL R D, MICHEL C E. The Relationship between Work-family Conflict and Work-family Enrichment of University Professors [J]. Journal of Behavioral Sciences, 2012, 22 (2): 1-12.

[143] MILLER M J, WOEHR D J, HUDSPETH N. The Meaning and Measurement of Work Ethic: Construction and Initial Validation of a Multidimensional Inventory [J]. Journal of Vocational Behavior, 2002b, 60: 451-489.

[144] MILLER W R, SELIGMAN, M E. Depression and Learned Helplessness in Man [J]. Journal of Abnormal Psychology, 1975, 84: 228-238.

[145] MIRELS H, GARRETT J. The Protestant Ethic as a PersonalityVariable [J]. Journal of Consulting and Clinical Psychology, 1971, 36: 40-44.

[146] MUMFORD G M, SCOTT B G, JILL M. Strange, leading creative people: Orchestrating expertise and relationships [J]. The Leadership Quarterly, 2002, 13: 705-750.

[147] MUNROE L R, MUNROE H R. Weber's Protestant Ethic Revisited: An African Case [J]. Journal of Psychology, 1986, 120: 447-456.

[148] NETEMEYER R G, BOLES J S, MCMURRIAN R. Development and validation of work-family conflict and family-work conflict scales [J]. Journal of Applied Psychology, 1996, 81 (4): 400-410.

[149] O'NEILL J W, HARRISON M M, CLEVELAND J et al. Work-family

climate, organizational commitment, and turnover: Multilevel contagion effects of leaders [J]. Journal of Vocational Behavior, 2009, 74: 18-29.

[150] PAIVA M F R, NETO F, SASTRE M T M, et al. Life Domain Satisfaction: A Portugal-France Comparison [J]. Social Indicators Research, 2009, 94 (1): 173-181.

[151] PARKER K S, WILLIAMS M H, TURNER N. Modeling the Antecedents of Proactive Behavior at Work [J]. Journal of Applied Psychology, 2006, 91 (3): 636-652.

[152] RAGHEB M, TATE R. A Behavioral Model of Leisure Participation, Based on Leisure Attitude, Motivation and Satisfaction [J]. Leisure Studies, 1993, 12 (1): 61-70.

[153] RALSTON D A, GUSTAFSON D J, ELASS P M, et al. Eastern Values: A Comparison of managers in the Unites States, Hong Kong, and the People's Republic of China [J]. Journal of Applied Psychology, 1992, 77: 664-671.

[154] ROBERTSON C G. The Global Dispersion of Chinese Values: A Three-country Study of Confucian Dynamism [J]. Management International Review, 2000, 40: 253-268.

[155] ROMAR J E. Managerial Harmony: the Confucian Ethics of Peter F. Drucher [J]. Journal of Business Ethics, 2004, 51: 199-210.

[156] SCIBERT S E, KRAIMER M L, CRANT J N. What do Proactive People Do? A longitudinal Model Linking Proactive Personality and Career Success [J], Personnel Psychology, 2001, 54: 845-874.

[157] SCOTT S G, BRUCE R A. Determinants of innovative behavior: A path model of individual innovation in the workplace [J]. Academy of management journal, 1994, 37 (3): 580-607.

[158] SETTOON R P, MOSSHOLDER K W. Relationship quality and relationship context as antecedents of person-and task-focused interpersonal citizenship behavior [J]. Journal of Applied Psychology, 2002, 87 (2): 255-267.

[159] SHIN K, YOU S. Leisure Type, Leisure Sat is fact ion and Adolescent s ´Psychological Wellbeing [J]. Journal of Pacific Rim Psychology, 2013, 7 (2): 53-62.

[160] SUSANNE G SCOTT, REGINALD A B. Determinants of Innovative Behavior: A Path Model of Individual Innovation in the Workplace [J]. The Academy

of Management Journal, 1994, 37 (3): 580-607.

[161] TANG L P, TZENG J Y. Demographic Correlates of the Protestant Work Ethic [J]. The Journal of Psychology Interdisciplinary and Applied, 1992, 126: 163-170.

[162] TERJUNG W H. Physiologic climates of the conterminous United States: A bioclimatic classification based on man [J]. Annals of the Association of American Geographers, 1966, 56 (1): 141-179.

[163] THORN E C, 1959. The discomfort index. Weathenvise, 12 (2): 57-61.

[164] TIERNEY P, FARMER S M. The Pygmalion Process and Employee Creativity [J]. Journal of Management, 2004, 30 (3): 413-432.

[165] TSOU M W, LIU J T. Happiness and Domain Satisfaction in Taiwan [J]. Journal of Happiness Studies, 2001 (3): 269-288.

[166] TSUI A S, EGAN T D, O'REILLY C A. Being different: Relational demography and organizational attachment [J]. Administrative Science Quarterly, 1992, 37 (4): 549-580.

[167] UNDERWOOD M K. Top ten pressing questions about the development of emotion regulation [J]. Motivation and emotion, 1997 (21): 127-143.

[168] VAN RENSBURG C J, ROTHMANN S I, DIEDERICKS E. Person-environment fit, flourishing and intention to leave in universities of technology in South Africa [J]. Journal of Industrial Psychology, 2017, 43: 1-10.

[169] WALBERG H J, RASHER S P, PARKERSON J. Childhood and eminence [J]. Journal of Creative Behavior, 1980, 13: 225-231.

[170] WALDEN T A, Smith M C. Emotion regulation. Motivation and emotion, 1997, (21): 7-22.

[171] WALKER G J, et al. A Prospective Panel Study of Chinese-Canadian Immigrants' Leisure Participation and Leisure Satisfaction [J]. Leisure Sciences, 2011, 33 (5): 349-365.

[172] WAYNE J H, GRZYWACZ J G, CARLSON D S, et al. Work-family facilitation : a theoretical explanation and model of primary antecedents and consequences [J]. Human Resource Management Review, 2007, 17: 63-76.

[173] WEBER M. The Protestant Ethic and the Spirit of Capitalism [M]. Unwin Hyman, London & Boston, 1930.

[174] WEST M, FARR J. Innovation at Work: Psychological Perspectives [J]. Social Behaviour, 1989, 4: 15-30.

[175] WOLFE R A. Organizational innovation: Review, critique and suggested research directions [J]. Journal of management studies, 1994, 31 (3): 405-431.

[176] WOODMAN M R, YUAN F. Innovative Behavior in the Workplace: the Role of Performance and Image outcome Expectations [J]. Academy of Management Journal, 2010, 53 (2): 323-342.

[177] YEH Q J, XU X J. The Effect of Confucian Work Ethics on Learning About Science and Technology Knowledge and Morality [J]. Journal of Business Ethics, 2010, 95: 111-128.

[178] YUAN F, WOODMAN R W. Innovative behavior in the workplace: The role of performance and image outcome expectations [J]. Academy of Management Journal, 2010, 53 (2): 323-342.

[179] ZHANG H P, LUO X, LIAO Q Y, et al. Does it Team Climate Matter? an Empirical Study of the Impact of Co-Workers and the Confucian Work Ethic on Deviance Behavior [J]. Informantion& Management, 2015, 52 (6): 658-667.

[180] ZHANG L, BU Q, WEE S. Effect of perceived organizational support on employee creativity: Moderating role of job stressors [J]. International Journal of Stress Management, 2016, 23 (4): 400-417.

[181] ZHANG S C, LIU W Q, LIU X L. Investigating the Relationship between Protestant Work Ethic and Confucian Dynamism: an Empirical Test in Mainland China [J]. Journal of Business Ethics, 2012, 2: 243-252.